Domizlaff: Und alles ordnet die Gestalt

Dem Vorstand des Axel Springer Verlages ist dafür zu danken, daß er das Erscheinen dieses Buches ermöglicht hat und damit Wege zu Hans Domizlaff öffnet.

Und alles ordnet die Gestalt
Hans Domizlaff

Gedanken und Gleichnisse

Ausgewählt und herausgegeben
von Alexander Deichsel

Kriterion Verlag AG · Zürich 1992

Herausgeber:
Prof. Dr. Alexander Deichsel,
Universität Hamburg, Institut für Soziologie,
Leiter der Hans Domizlaff-Arbeitsstelle

Buchgestaltung:
Prof. Vilim Vasata,
Universität GH Essen

Computer Aided Publishing:
Thomas Ahrens, Hamburg

Druck:
Holzmann Druck, Bad Wörishofen

Printed in Germany

ISBN 3-906 639-02-9

Inhalt

Foto: Dora Domizlaff, 1967

Vorwort

Zur Person

Hans Domizlaff wird am 9. Mai 1892 als Sohn des Post-Inspectors Georg Domizlaff und seiner Ehefrau Katharina, geb. Boeter-Tönnies, in der heute noch existierenden Adlerflychtstraße in Frankfurt am Main geboren. 1904 siedelt die Familie nach Leipzig über, der Vater wird dort Präsident der Oberpostdirektion und leitet während des Ersten Weltkrieges das deutsche Feldpostwesen. Der Schüler versucht derweil, mit seinen offensichtlich nur hinderlichen Begabungen fertig zu werden: Grübeln, Malen, seelische Hellhörigkeit. Nach dem Abitur studiert er in Paris mit Leger und Modigliani und in Leipzig bei Max Klinger, reist durch Südeuropa, lernt Fliegen, stürzt ab, lernt Segeln und entdeckt das Meer; er stellt Bilder aus, wird als Wunderkind gefeiert, verkauft eigene Arbeiten, fängt an zu schreiben, inszeniert Georg Büchner, baut die neue Bühne des Leipziger Volkstheaters und – ringt sich zur Absage an einen Künstlerberuf durch.

Statt dessen beginnt er die Suche nach Aufträgen in der Werbebranche. Der beharrlich verfolgte eigene Weg führt durch das Geröll der Absagen und ersten Versuche zur Aufforderung eines kleinen Cigarettenfabrikanten, seine gestalterischen Ideen doch einmal persönlich vorzutragen. Die Begegnung mit Philipp Reemtsma bringt dem Tüchtigen nun auch das Glück. 1921 entstehen die ersten Marken für die Firma Philipp F. Reemtsma, und ein immer deutlicher werdendes Arbeitsgebiet ermöglicht es Hans Domizlaff, seine vielen Begabungen in eine ganz und gar originelle, eigenständige Berufstätigkeit einzuschmelzen – die Markentechnik.

Das Spektrum seines geistigen Temperaments wird durch die konkreten Leistungsanforderungen immer farbenprächtiger.

1927 beginnt er, das Haus Söhnlein zu beraten; 1929 publiziert er zwei Texte, die, obgleich auf recht unterschiedliche Lebensgebiete gerichtet, doch die gleiche Gestaltungsidee formulieren: Wirtschaft und Staat leben nur, wenn sie mit würdigen Symbolen operieren. 1934 kommt es zum Kontakt mit Carl Friedrich von Siemens, der ihm das Corporate Design des gesamten Unternehmens überantwortet. 1941 entsteht die Idee zu einer Schallplattenmarke, die durch Siemens 1946 als Archiv-Produktion realisiert wird. 1943 übernimmt Hans Domizlaff den Vorsitz im Verein Naturschutzpark und ist damit ökologisch verantwortlich für die Lüneburger Heide und große Gebiete in den Hohen Tauern. 1950 gründet er mit seiner Frau Dora eine Familie mit schließlich vier Kindern. Der einst selber Ratlose rät mittlerweile vielen. Die unternehmerische Gestaltungslust seines Lebens endet am 5. September 1971 in Hamburg.

Zum Werk

I.

Hans Domizlaff hat ein vielseitiges Werk hinterlassen. Nicht nur in bezug auf den Umfang, auch in bezug auf seine Leser. Denn nicht oft geschieht es, daß ein Schriftsteller derart sich ausschließende Publika bildet, wie es Hans Domizlaff getan hat. Seine große Lesergemeinde aus Seglern dürfte kaum etwas von seinen markentechnischen Publikationen im Bücherschrank stehen gehabt haben. Die Unternehmer und Werbefachleute trafen wiederum selten jene, die Hans Domizlaff als Erkenntnistheoretiker und Sozialphilosophen schätzten. Wer sich um seine sozialpolitischen Schriften scharte – sei es, um sie nachdenklich zu erwägen, sei es, um wütend gegen sie Front zu machen – dürfte überrascht gewesen sein, jemanden zu treffen, der Domizlaff vor allem als Architekten kannte. Jene Bauern, die ihn unterstützten, als er den durch britische Truppenübungen gefährdeten Wilseder Berg in der Lüneburger Heide eigenhändig mit Eichen bepflanzte und sich dafür ein Gerichtsverfahren einhandelte, hatten von jenen Leipzigern keine Ahnung, die seine Bilder im Kunstverein bewundert und seine Aufführungen von Georg Büchners Dramen beklatscht hatten.

Und nicht genug: Die Hamburger, die seine Dichterlesungen besuchten, waren vermutlich jenen Menschen recht fremd, die seinen Rat einholten, weil er auf dem Lande eine Geflügelfarm gebaut und eine Forellenzucht angelegt hatte. Die Leser seiner mathematischen und astronomischen Arbeiten dürften kaum identisch gewesen sein mit jenen Regierungsverantwortlichen, die Hans Domizlaff zu Gesprächen über die Stabilisierung der Weimarer Republik ins Reichskanzleramt nach Berlin oder über massenpsychologische Fragen ins Bonner Bundesfinanzministerium einluden. Wenn man von der Lesergemeinde spricht, die ein Autor um sich schart, so ist für Hans Domizlaff eher das Bild von vielen sich um ihn bildenden Ringen zutreffend. Möglicherweise haben sich allerdings diese ungezählten, so verschiedenen Menschen in einer Hinsicht doch als *ein* Publikum gezeigt: als jenes nämlich, das sich am Umgang mit den vielen Dingen freute, deren Erscheinungsbild Hans Domizlaff angeregt hatte: die Zigarettenschachteln, die Radios, die Staubsauger, die Telefone, die Sektflaschen, die Schallplatten ... Man hat ihn einen Universalisten genannt – vielleicht ein treffliches Wort, vielleicht aber auch ein mißverständliches.

II.

Denn alles kam bei ihm aus einer einzigen kräftigen Individualität. Nicht war deren Vielfalt das Ergebnis speziell durchlaufener Ausbildungscurricula. Domizlaff war kein examinierter Experte für Hochseejachten, Werbekampagnen oder Bühnenbeleuchtung. Vielmehr erschloß sich für ihn alles Tun von einem einfachen, selbstgefundenen Anschauungskern her: Das kompositorische Spiel des Lebens hat mit dem Menschen ein Naturwesen gebildet, das nicht nur Kompositionen vielfacher Art hervorzubringen vermag, sondern vor allem durch deren Gestaltung sich angezogen oder abgestoßen, begeistert oder erniedrigt fühlt. Außergewöhnliche Gestaltempfindsamkeit und die damit verbundene Gestaltungsfähigkeit zeichnen den menschlichen vor allen anderen Organismen aus. Sie zeigen ihn als gestaltungsbesessenes, kämpfendes Triebwesen innerhalb eines offensichtlich fortdauernden natürlichen Schöpfungsganzen. Des Menschen denkende Vernunft kann dies Ganze vielfach begleiten, keineswegs aber leiten. Im Gegenteil: Führen läßt der Mensch sich vor allem durch die lautlose Gewalt der Formen, deren rätselhafter Kraft er eigene Egoismen und Triebe freiwillig unterwirft. Auf diese Weise bilden sich durch sichtbare und unsichtbare Formen gliedernde Strukturen in der Menschenwelt – es entsteht Ordnung durch Gestalt.

III.

Diese ordnende Kraft sieht Hans Domizlaff überall in der Welt. Die religiöse Grundfarbe seines Werkes ahnt den Menschen eingebettet in einen kompositorischen Willen, dessen Folge er selber ist und den er als erlebender Beobachter im Gestalthaften allen Lebens zu erkennen vermag. Belege findet Domizlaff dafür im Sternenhimmel ebenso wie in den Wellen des Meeres, in den Klängen der Musik wie in der Baustruktur der Zahlen, im Erlebnis des Schönen – also auch des Häßlichen – wie bei der Suche der Wissenschaften nach Gesetzen, im Entwicklungsprozeß, der zu einem neuen Produkt führt, wie dem Finden neuer Absatzwege. Der Mensch ist für ihn das komponierende Tier, wobei das gestaltbildende Handeln nicht nur auf musikalisches Komponieren im umgangssprachlichen Sinne oder auf künstlerisches Gestalten bezogen ist, sondern auf menschliches Tun insgesamt – auch beim Autowaschen oder Gärtnern. Der Strukturwille der Natur wirkt durch uns hindurch und macht uns gestaltsüchtig – sei es, daß wir selber sichtbare und unsichtbare Dinge hervorbringen, Häuser und Religionen, Waren und Gedankengebäude; sei es, daß wir uns Gestaltungen hingeben, die Atmosphäre eines Hauses schätzen, der Bildung eines Unternehmens dienen oder uns über unseren aufgeräumten Schreibtisch freuen.

Unsere Vernunft spielt notwendigerweise überall mit, der Mensch ist homo sapiens, wissender Mensch. Aber die Vernunft ist nicht eigentlich schöpferisch; sie wählt aus, fragt, stellt fest; schöpferisch ist der Einfall. Die Vernunft braucht Einfälle aus einer ihr unbekannten Welt, die sie dann selektierend modellieren kann. Die Vernunft ist der Anwalt eines jenseitigen Mandanten – eben jener auf ewig unbekannten schöpferischen Kraft, die einfällt. So gehört die Vernunft zwar zum menschlichen Organismus, aber ihre strategischen Leistungen sind dem Überlebenskampf der Menschen meist unter- bzw. eingeordnet. Es bedarf schon einer glücklichen Begabung und enormer Anstrengungen, um zu dem zu gelangen, was Domizlaff die Denkselbständigkeit nennt. Jeder von uns besitzt dieses selbstdenkerische Vermögen, ist jedoch als einzelner höchst unterschiedlich dazu begabt. Einige Exemplare unserer Gattung haben es uns bewundernswert vorgeführt – Sokrates, Laotse, Kant. Ihre Selbstbeherrschung vermochte es, die triebhaft-impulsiven Lebensleidenschaften zu kontrollieren und zu den übergreifenden Strukturen in ein Verhältnis produktiver Distanz zu kommen. Eine auf diese Weise geläuterte Existenz hat als Ziel höchste Menschlichkeit. Die Spannung zwischen Schöpfung und Vernunft ist in ihr zu besonderer, glücklicher Gestalt durchkomponiert.

In den Prozessen des Gemeinwesens sieht Domizlaff ebensolche organismischen Kampfspannungen zwischen dem Ganzen und den Teilen, die ebenfalls jeweils ein Ganzes sein wollen. Ohne Frage sind wir organischer Teil der Menschheit, unseres Vaterlandes, unserer Heimat, unserer Familien; gleichzeitig aber sind wir auch selbständige Menschen. Unsere Biographie sieht Domizlaff als dramatisches Geschehen zwischen den Großorganismen und ihren denkselbständigen Komponenten, den menschlichen Organismen. Großorganismen, von unserer Muttersprache über »Deutschland« bis zur Coca-Cola-Marke, sind als hyperorganische Wesen sowohl Anbieter lebensinhaltlicher Stoffe für den einzelnen Menschen wie auch dessen Beherrscher; andererseits sind die menschlichen Organismen selber relativ autonom und werden zum durchaus eigenwilligen Unruheherd, ja Stachel im Fleisch des größeren Ideenorganismus – ihnen fallen neue Wörter zu ihrer Sprache ein, sie versuchen ein »anderes« Deutschland oder stehen auf Pepsi.

In diesen Spannungen entsteht die Aufgabe des Führens. Die Denk- und Empfindungsgemeinschaften ermöglichen uns unsere Gewohnheiten, die uns gefallen und die wir gerne erinnern; unser Eigenwille aber sucht nach eigener Gestalt. Da der Eigenwille jeweils unterschiedlich stark ausgeprägt ist, unterscheiden sich Eroberer von Gefolgsleuten, unternehmerische von kleinbürgerlichen Naturen. Zur individuellen Gestalt von Rasse, Volk, Sprache, Gewohnheit und Kultur kommt die Individualität jedes einzelnen Menschen. Seine unterschiedliche Begabung stuft Gemeinwesen zu vielschichtigen Gefügen. In Gefügen aber muß geführt werden. Domizlaffs Massenpsychologie liest sich als Anwendung seines Kompositionsgedankens auf die Menschenwelt. Die damit verbundenen Wahrheiten sind unerbittlich; aber das unverhüllte Dasein soll ja auch nicht mit Gouvernanten besprochen werden. Das gilt besonders für Wahrheiten über das kulturbildende Raubtier Mensch.

Es ist daher kein Zynismus, wenn er in aller Klarheit von den Massen unseres modernen Lebens spricht, von den Cäsaren und Königen, die als soziotopische Komponisten lebensnotwendige Ordnungen herbei-führen; was den ungeübten Leser irritieren mag, ist die nüchterne naturwissenschaftliche Ausdrucksweise des Domizlaff'schen Blicks. Nicht als verstockter Höfling warnt er vor der Ideologie der Gleichmacherei und prophezeit einem nur juristisch verstandenen Demokratismus tumultartige Führungsprobleme. Völker sind gegliederte Lebewesen, Großorganismen wie Staaten oder Unternehmen, leben als gefügte Ganzheiten, deren Gebildecharakter er als Seele bezeichnet. Sie brauchen Kristallisationskerne, um die herum sie stabile Gemeinsamkeiten bilden können. Wer Bevölkerungen nur als durch Gesetze reguliertes Arrangement von gleichermaßen Vernünftigen sieht, erhöht die Gefahr selbstmörderischer Konvulsionen. Wenn Hans Domizlaff sich gegen die Psychose der Gleichmacherei wendet, hat er die unterschiedliche Begabung von Menschen im Auge, für die er eben deshalb auch unterschiedliche Aufgaben für sinnvoll hält. In den Passagen seines Werkes, in denen er seine Sicht vom Wirken des naturhaften Strukturwillens auf politische Probleme überträgt, stehen mit Gewißheit jene Sätze, von denen er selber einmal sagte, daß ein böser Wille sie gegen ihn und seine eigentlichen Absichten interpretieren könne.

Hier nun macht er seinen Vorschlag zur Führung – und nennt ihn Markentechnik. Markentechnik ist Führungstechnik. Im Unterschied zu vielen anderen Strategien nutzt sie allerdings die einzige Gewalt, die freiwillige Gefolgschaft hervorruft. Markentechnik will durch etwas führen, das weder Befehl noch Erziehung, das aber auch nicht Laisser-faire oder Partnerschaft ist. Seiner Beobachtung nach gelingt die heilsamste Führung durch Stil. Als Menschenmasse richten wir uns am liebsten nach Leuten mit Format. Ehrwürdige Gebäude veranlassen uns zu touristischen Ausflügen. Schöne Waren ziehen uns an. Stilsicheren Führungsinstitutionen huldigen wir gerne – und vor allem langfristig. Markentechnik ist die Kunst, durch Gestalt langfristig zu ordnen. Der Markentechniker ist ein Demiurg, der die Gewalt einer einzigartigen Gewaltlosigkeit beherrscht, also auch einzusetzen vermag: der Stilkraft. Nicht Wasserkraft, nicht Elektrokraft, nicht Kräfte, die man mit Geräten messen kann – nein eine Kraft, die allerdings auch als Naturkraft verstanden werden muß, die man aber nur an ihrer der Gravitation vergleichbaren lautlosen Strukturierungskraft erkennt: Stil. Der Markentechniker ist der Stilist des Gemeinwesens. Markentechnik als Führungsinstrument ist Sozialstilistik.

Domizlaff hatte Arten der Stilführung während seiner Leipziger Theaterarbeit entdeckt. Er hat seine Markenbildung als die Kunst verstanden, durch kompositorische Techniken Großorganismen zu erzeugen, zum Beispiel Kundschaften; aber auch bestehende Großorganismen zu sichern, zum Beispiel einen Staat. Markenbildung und Markenführung im Wirtschaftlichen lassen den Erzeuger des Ideenorganismus meist deutlich erkennen; das ist bei Völkern oder einer Kultur schwieriger. Er hat bei seinen Empfehlungen, Gemeinwesen vor Demagogen und Metastasen zu schützen, ebensolche Grundsätze angewandt wie bei der Schaffung von Produktmarken – so unterschiedlich die Maßnahmen wegen der jeweils anderen Natur der Sache dann auch waren. In krassem Gegensatz zu Volksverhetzern und Seelenfängern hat er allerdings die unerbittlichen Wahrheiten des Führens immer mit einer im Grunde edlen Neigungsbereitschaft von uns Menschen in der Massensituation gesehen. Wenn sie auch wankelmütig sind, auf Dauer lassen sich Massen nicht täuschen! Innerhalb von Massenwesen, die wir ja meist als Laien bilden, haben wir durchaus ein deutliches Gespür für Echtheit, ehrliche Leistung und eben: eigenen Führungsstil. Marke ist in dieser Massenpsychologie Kristallisationspunkt für öffentliches Vertrauen und damit Bollwerk gegen öffentlichen Rausch und institutionelle Wechselbäder. Für das natürliche Wachstum von Großlebewesen sah er dies als lebensnotwendig an: Markentechnik als Ordnungspolitik. Ein eigenwilliger Humanismus, der Domizlaff'sche.

Zum Buch

Die Kapitel mit ihren Überschriften sind Zugriffe des Herausgebers. Ihre kontrastierende Struktur entspricht dem Denkstil des Jubilars: Nur durch die Bildung kräftiger Gegensätze vermag unser Denkapparat Einfälle und Beobachtungen zu Erkenntnissen zu konturieren. Gegensätze sind das Leben, Gleichförmigkeit ist der Tod. Der Band ist ohne bibliographischen Apparat. Er kommt unbeschwert daher und soll auch unbeschwert genossen werden. Manche Passagen sind gekürzt, ohne dem sie tragenden Gedanken unrecht tun zu wollen. Es gibt Bücher, die liest man nicht, sondern in denen liest man. Das Domizlaff-Brevier soll letzteres sein. Mit einem fernen Gruß an den Titel des ersten Buches von Domizlaff könnte es ein Vademecum für Freunde werden.

Der raffende Griff in einen Stoff läßt ihn immer in einer bestimmten Weise fallen. In Ehrfurcht vor dem Werk sollen Küstenlichter sichtbar werden, die aufmerksam machen auf das Land dahinter. Unverzeihliche hat es sicherlich, aber wenn das Buch einen verzeihlichen Fehler hat, dann diesen: Zahlreiche Facetten dieses Werkes nicht sichtbar gemacht zu haben. Doch vielleicht ist diese Schwäche auch sein Charme: Schließlich soll es eine Einladung zu Hans Domizlaff sein. Nimmt man sie an, gibt es noch viel mehr zu entdecken.

Alexander Deichsel, im Februar 1992

Schöpfung und Vernunft

Es gibt kein Entrinnen vor den aufstachelnden Triebkräften der Schöpfung.

Seele des Staates

Es gibt nur eine einzige Möglichkeit, sich von der Zwangsläufigkeit der Kausalkette zu befreien, und das ist durch eine schöpferische Leistung.

Seele des Staates

Das Wort schöpferisch darfst Du nicht nur auf Kunstwerke beschränken. Auch ein Handwerker kann schöpferisch sein, auch ein Käsehändler kann mit einer neuen Verteilungsorganisation das Vorhandensein schöpferischer Kräfte im Menschen bekunden. Schöpferisch ist vor allem immer identisch mit »Einfällen« und mit der Bildung eines Königreiches, von den kleinsten unmerklichen Anfängen einer Anhängerschaft an, die für ein Ladengeschäft oder für eine sonstige Berufsausübung gewonnen wurde, bis zu den Großgebilden der Markenartikelunternehmungen, Wirtschaftsreiche, Staaten und Lebensgemeinschaften.

Brevier für Könige

Die Welt der Vernunft wird aus der Welt der Unvernünftigkeit, d.h. aus dem Bereich der schicksalhaft gegebenen Einfälle und Erlebnisse letzthin unbekannten Ursprungs ernährt.

 Analogik

In der exakten Wissenschaft nennt man den Urtrieb, der die zusammenhanglosen Bilder der Wirklichkeit einem Gesetz der Ordnung unterwerfen will, die Vernunft. Das ist nicht richtig. Unter Vernunft versteht man üblicherweise die Fähigkeit des bewußten Denkens, d.h. ein Instrument, das stets zuverlässig zur Verfügung steht. Die Kombination von Wirklichkeitsbildern hängt jedoch weitgehend von Einfällen ab, die zur Ergänzung und Überbrückung dienen. Kein Forscher kommt ohne solche Einfälle aus, die sich seiner Befehlsgewalt gänzlich entziehen und niemals durch den Verstand ersetzt werden können. Der Verstand wird allerdings dringend als Kritiker und Kontrollorgan benötigt.

Analogik

Meldet sich beispielsweise der Einfall einer bestimmten Idee aus dem Bereich des Gemütslebens, dann kann die Vernunft beauftragt werden, eine folgerichtige Formulierung dafür zu finden. Die Anwaltschaft der Vernunft befreit den Einfall von Bestandteilen, die nicht in die gesetzliche Ordnung der Vernunft passen, ergänzt ihn mit logischen Folgerungen und macht ihn dadurch diskussionsfähig. Ein Anwalt ist jedoch niemals die Ursache eines Auftrages, sondern immer der Vertreter fremder Interessen. Woher die Einfälle kommen, die an den Anwalt herangetragen werden, entzieht sich dessen Urteils- und Einflußbereich.

Analogik

Wird der Vernunft ein Einfall vorgelegt, dann kann sie nötigenfalls weitere Fragen stellen. Vielleicht regt sie damit neue Einfälle an. Erzwingen kann sie das jedoch nicht. Sie kann oft sehr verschiedenartige Fragen zur Auswahl stellen, sie kann sich an mögliche Antworten herantasten, aber von sich selbst aus kann sie nur alte Erfahrungswerte beibringen, und wenn diese nicht anwendbar sind, dann ist auch das Problem nicht zu lösen.

Analogik

Das Jenseits manifestiert sich nur durch schöpferisches Geschehen.

Nachdenkliche Wanderschaft

In der Welt entstehen viele Irrtümer dadurch, daß man den Herrschaftsanspruch der Vernunft zu weit treibt, und daß man vor allem die Vernunft als Mittel der Erkenntnis mit einer als Ursache gedachten Vernunft verwechselt.

Analogik

Meine Vernunft, mit der ich die Umwelt und mein eigenes Denkvermögen zu erforschen versuche, ist einem Scheinwerfer vergleichbar. Das Material, das der Scheinwerfer beim Nachdenken beleuchtet, ist vielleicht ganz ungeordnet. Es wird sozusagen als Rohstoff dem Anwalt der Vernünftigkeit übergeben, der es zu ordnen und den Gesetzen der Vernünftigkeit anzupassen sucht. Der anwaltliche Eingriff geht zumeist sehr schnell vonstatten.

Analogik

Nun liegt die Frage nach der Besonderheit des Scheinwerfers nahe. Alle Rätselhaftigkeiten bezüglich des Kausalgesetzes mit seinen tötlichen Folgerungen verschwinden sofort, wenn ich mir darüber klar werde, daß dieses Gesetz einfach nur eine Eigenschaft meines Scheinwerfers bedeutet, der mich ausschließlich solche Erscheinungen der Wirklichkeit erkennen läßt, die dem Gesetz entsprechen.

Analogik

Wenn jemand glaubt, daß das Kausalgesetz in der lebendigen Welt der Ursachen und damit in dem All unwiderlegbar gültig sei, so begeht er den Irrtum eines Menschen, der unter einem feinmaschigen Sieb steht und behauptet, die ganze Welt bestände aus regelmäßigem feinen Sand, weil es ihm verwehrt war, auf der oberen Seite des Siebes die aussortierten größeren Steine zu sehen.

Analogik

Die mathematische Begriffswelt ist leblos. Sie siebt alle Wirklichkeitsbilder nach starren Gesetzen aus und entzieht ihnen das Leben, um totes Wissensmaterial zu sammeln und das Instrumentarium der Kritik zu vermehren.

 Analogik

Auf Schritt und Tritt beobachten wir, daß unsere Vernünftigkeit zwar im Raume des bewußten Denkens recht nützlich ist, aber daß sie in dem erweiterten Raum der Ursachen in den Jahrtausenden menschlicher Denkübungen sich als sehr, sehr unzureichend erwiesen hat. Wir sind heute bei den praktischen Grundproblemen der Menschheit noch nicht weiter gekommen als die einander widerstreitenden Weisen des frühen Altertums. Trotzdem muß nochmals mit aller Nachdrücklichkeit betont werden, daß uns die Unzulänglichkeit der Vernunft nicht dazu verführen darf, das bewußte Denken durch übersinnliche Gefühlswerte zu ersetzen. Damit würden wir uns nur etwas vorlügen und jede Hoffnung auf einen zuverlässigen Wissensbesitz aufgeben.

Analogik

Noch der große Kulturhistoriker Wilhelm Heinrich von Riehl bezeichnet Schopenhauers Lehre vom Willen in der Natur als einen philosophischen Mythos, dem nur die Bedeutung einer Einzelerscheinung zukomme. Nachdem aber die neue naturwissenschaftlich-biologische Forschung vor allem auf Grund der Ergebnisse der Virusforschung in ein Stadium der Erkenntnis gelangt ist, in dem die präzise Unterscheidung von Belebtem und Unbelebtem auf Schwierigkeiten stößt und der Übergang zwischen diesen beiden Seinsgebieten als fließend betrachtet werden muß, ist ein günstigerer Boden für die Wiederaufnahme des Schopenhauerschen Gedanken bereitet. Diese Nachfolge hat Hans Domizlaff mit seiner »Analogik« angetreten.

In: Schopenhauer-Jahrbuch

Das Weltbild der Vernunft ist mechanistisch. Nur mathematisch-mechanistische Erklärungen vermögen den forschenden Geist des Menschen zu befriedigen. Es ist unbedingt daran festzuhalten, daß jede andere Einstellung die Klarheit des naturwissenschaftlichen Besitzes an Wissen behindert. Diese rationalistische Einseitigkeit ist solange ungefährlich, solange nicht vergessen wird, daß das Weltbild der Vernunft eben nur ein Ausschnitt aus dem Weltganzen geben kann und daß die in ihr erkannten

Gesetze außerhalb der Grenzen des bewußten Denkens keine Gültigkeit haben. Das Gesagte bedeutet keine Absage an den Gebrauch der Vernunft im praktischen Leben, denn auch die Vernunft ist Bestandteil der Natur. Es soll damit nur behauptet werden, daß der falsche Gebrauch der Vernunft ebenso verhängnisvoll zu sein pflegt wie der Mangel des Gebrauchs.

Analogik

Die Zahl wird niemals der Lebendigkeit und der unfaßbaren Verknotung aller Teile des Wirklichen gerecht.

Psychische Grundgesetze

Unterschiede der Zahlen sind Unterschiede ihrer Baustruktur und nicht ihres Baumaterials.

Analogik

Die klare Herausstellung, daß es sich um eine in diesem Sinne im Endlichen operierende Theorie der Wahrscheinlichkeitsrechnung handelt, ist insbesondere einer der philosophischen Grundgedanken, die den Anteil meines Mitautors Hans Domizlaff bilden. Ein Anteil, der nicht nur die Formulierungen, sondern auch die Gedankenführung grundlegend beeinflußt hat.

Wahrscheinlichkeitsrechnung

Das vorliegende Buch über Wahrscheinlichkeitsrechnung nimmt die Gedanken des Göttinger Mathematikers Torniers wieder auf. Im ersten Teil, der hauptsächlich auf Hans Domizlaff zurückgeht, wird gezeigt, wie man den Wahrscheinlichkeitsbegriff auf dem Begriff der Versuchsvorschrift aufbauen kann.

In: Internationale Mathematische Nachrichten

Sobald sich die Vernunft lebendiger Tatsachen bemächtigt und diese ihrer Gesetzmäßigkeit zwecks Faßbarkeit unterwirft, löst sich das Abbild von der Wirklichkeit. Das Leben geht weiter, und nur eine Photographie bleibt als Dauerbesitz bestehen.

 Analogik

Ebenso wie jede andere Forschungsmethodik vermag auch die Analogik keine Darstellung der Seele als Ursprung aller Vorstellungen zu geben. Sie ist aber in der Lage, mit dem Nachweis alles dessen, was nicht den seelischen Ursprung kennzeichnet und nur als Besonderheit unseres Denkvermögens gelten kann, den Begriff der Seele einzuengen und gewissermaßen durch Ausschöpfung den geheiligten Bezirk deutlicher werden zu lassen, um ihn respektieren zu lehren.

Analogik

Das analogische Grundgesetz lautet: Denkgesetze sind Seinsgesetze.

Analogik

Die Komposition meiner unbewußten Vorstellungswelt ist die Wirklichkeit. Die Komposition meiner bewußten Vorstellungswelt ist das Wissen. Alle Forschung besteht darin, beide Kompositionen oder ihre Teilkompositionen ganz oder teilweise in Einklang zu bringen.

Psychische Grundgesetze

Objektivität ist unmoralisch.

Vorsicht Dämonen

Das Ergebnis einer echten schöpferischen Leistung ist stets das Unerwartete.

Psychische Grundgesetze

Bevor wir nicht ein Mindestmaß an Andacht gegenüber dem Selbstbestimmungsrecht schöpferischer Einfälle zurückerlangt haben, wird auch die kleinste ökonomische Planung niemals dauerwertig gelingen.

Vorsicht Dämonen

Das einzige wirklich Reale ist das Denken selbst, und der schönste Lebensinhalt ist die Erforschung seiner Gesetzmäßigkeit.

Nachdenkliche Wanderschaft

Wenn ich von meinem Ich als Mittelpunkt spreche, dann meine ich mich nicht als begreifbaren oder untersuchbaren Menschen, sondern nur als das letzte geistige Etwas, das den Denkapparat erregt, und das sich auch bei eingehender Untersuchung jedem Zugriff entzieht, weil es das Untersuchende ist.

Analogik

Begriffe entstehen nur durch Unterschiede und dadurch ermöglichte Vergleiche. Die Summe aller Unterschiede ergibt den Begriff. Die Begriffe sind die Beziehungen der Dinge zu allen anderen, als ein Etwas, was zwischen den Dingen ist. Die Summe und die Zusammensetzung der von uns festgestellten Beziehungen von Unterschieden ist maßgebend für die Genauigkeit der Begriffsfestlegung.

Bekenntnisse eines Malers

Ein Begriff wird um so deutlicher bestimmt, je vollständiger ich alles aufzähle, was er nicht ist.

Analogik

Eine Vermittlung des Begriffes Leben kann nur in einem Gleichnis oder Bild erfolgen, das selbst in einem höheren Sinne lebendig ist.

Bekenntnisse eines Malers

Wenn die moderne Mathematik auf Kosten der Anschaulichkeit in dem Grenzbezirk der Vernunft auch die Dynamik mit dem Faktor Zeit in ihren Betrachtungsraum hereinzieht, dann enthüllt sie scheinbar die Lebendigkeit der unbekannten Welt. In Wirklichkeit gewinnt sie nur tote Spuren der Zeit, und sie entkleidet sie ihres Zusammenhanges mit Unvorhersehbarkeiten. Eine nach einer Uhr gemessene Zeit ist unlebendig. Die erstarrte Zeit erweitert sehr wohl unser Instrumentarium, aber sie hat demgemäß auch kein Eigenleben mehr, sondern wird zum Werkzeug. Dagegen ist die Welt der Ursachen lebendig. Der Raum außerhalb aller Vernunft ist volle Wirklichkeit. Der Wissensbesitz der Vernunft ist immer nur ein totes Abbild, eine Spur oder ein Gleichnis des wirklichen Lebens. Die genannten Einschränkungen des Gebrauchs der Vernunft rechtfertigen noch keine Resignation. Es ist nur wichtig zu wissen, welcher Art das erreichbare Wissen ist, und wie weit das Forschungsziel gesteckt werden darf.

Analogik

Der Schöpfer kann nicht das Geschöpf sein. Die Gesetze des Geschöpfes lassen Rückschlüsse auf die technische Arbeitsweise des Schöpfers zu, aber niemals auf dessen Ich als Ursache.

Analogik

Alles, was wir mit unserer Erkenntnis tun können, beschränkt sich auf Hellhörigkeit, sobald sich der Trieb des Naturerlebens meldet.

Analogik

Tatsächlich bedingt auch jede schöpferische Leistung eine Entmündigung des Menschen, wenn auch nicht durch eine profane Idee, sondern durch die Dämonie des Urtriebes.

Analogik

Das Gedächtnis bedingt stets eine Art Vorurteil in der Bestimmung des Wesentlichen.

Analogik

Was wir über die Lebens- und Lehrgewohnheiten von Sokrates erfahren, läßt ebenfalls darauf schließen, daß er im Frage- und Antwortspiel immer das Abwegige festzustellen und auszuscheiden suchte, um somit den Wahrheitsgehalt einer gedanklichen Komposition von allen Schlacken zu befreien. Dabei scheint ihm eine innere Stimme behilflich gewesen zu sein, die sich jedoch weigerte, wie er ausdrücklich bemerkte, ihm die positive Arbeit durch Zuspruch zu erleichtern, denn das geschieht wortlos durch das Mysterium der schöpferischen Eingebungen. Anhand eines so wahrheitsträchtigen Eindringens in den Beziehungsbereich des schöpferischen Jenseits läßt sich indessen die Phantasie gewissermaßen mit Ausschöpfungsmethoden richtunggebend beflügeln.

Religiöse Phänomene

Es gehört zu den Überheblichkeiten des allzu eigenlebendigen Verstandes, daß er sich mit jeder neuen Erkenntnis einer Gesetzmäßigkeit in der Natur darin bestärkt fühlt, die fehlende Konsonanz mit dem Schöpfungsgeist durch ein gesichertes Wissen ersetzen und auf diese grobsinnliche Weise den unzerstörbaren Trieb nach einer Offenbarung befriedigen zu können.

Analogik

Wie Johannes Kepler im Mysterium cosmographicum trefflich sagt: Durch göttliche Fügung ist es so gekommen, daß ich durch Zufall bekam, was ich durch keine Mühen vorher erreichen konnte.

Psychische Grundgesetze

Eine naturwissenschaftliche Erkenntnis ist eine Übereinstimmung von gesetzlichen Denkergebnissen und Wirklichkeitserlebnissen.

Analogik

Man kann sicher sein, daß, bei strenger Folgerichtigkeit, die unterschiedlichsten Arbeitshypothesen die gleiche harmonische Erklärungskraft haben. Das gilt sowohl für Anschauungsgrundlagen der Naturwissenschaften wie besonders für jede soziologische Moraltheorie. Dagegen engt eine konstruktive Vielfalt willkürlicher Vorschriften oder besonders für Spezialzwecke ausgedachter Rechnungen die Lebendigkeit von Vorstellungsgebilden ein und entfremdet sie der Wirklichkeit.

 Analogik

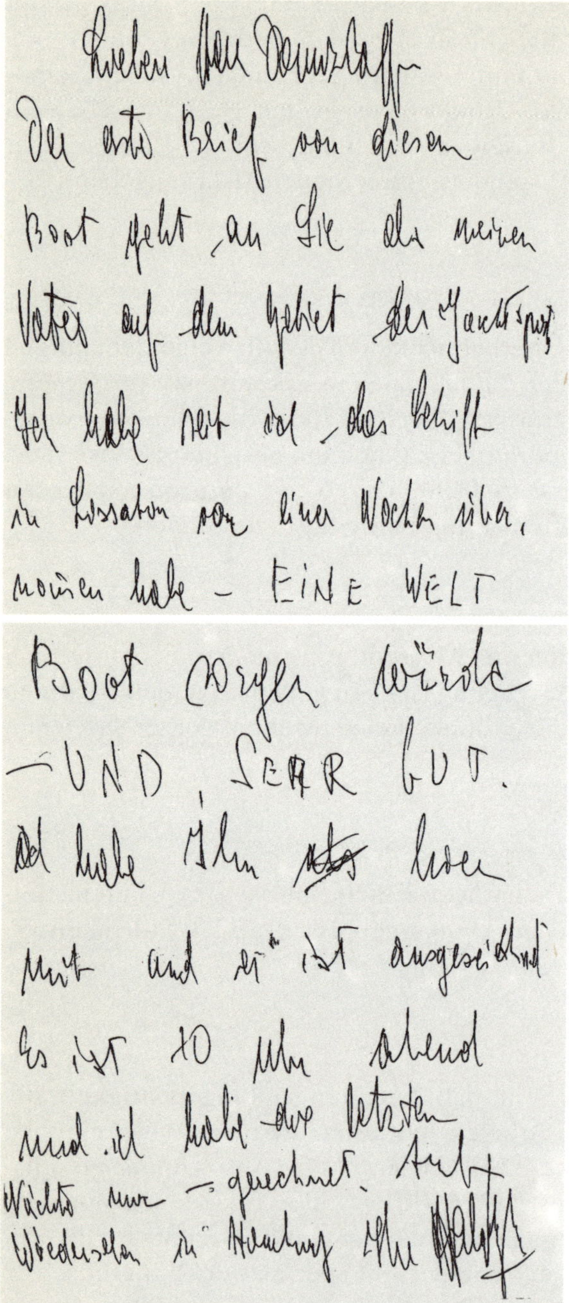

Lieber Herr Damzclaff

Der erste Brief von diesem Boot geht an Sie als meinen Vater auf dem Gebiet des Yachtsports. Ich habe seit ich das Schiff in Lissabon vor einer Woche über-nommen habe – EINE WELT

Boot segeln würde – UND SEHR GUT. Ich habe Ihn ~~[illegible]~~ heute mit und er ist ausgezeichnet. Es ist 10 Uhr abend und ich habe die letzten Nächte nur – gerechnet. Auf Wiedersehen in Hamburg Ihr [illegible]

Herbert von Karajan am 20. Juli 1955 von Bord seiner Yacht »Nereide«; erste und letzte Seite eines 12-seitigen Briefes

In den wie Klaviersaiten gespannten Luvwanten und Stagen singt es in tiefen Tönen. Die losen Blöcke am Mast klappern ärgerlich, und die See rauscht feindselig. Es muß wohl ein Gesetz der Natur sein, das die Vernichtung aller Bemühungen erzwingt, die mit dem Ziel einer Beendigung der Konflikte von Menschen untereinander Erfolg finden könnten. Gleich als ob die Natur mit einer Verminderung der Quälerei auch eine Verminderung der Lebenstriebe befürchtet. Warum werden immer diejenigen Propheten am leidenschaftlichsten verfolgt, mißdeutet und gekreuzigt, die den Frieden ersehnen ... Ich weiß nicht, wie lange ich an Deck gelegen habe. Auf See hat die Zeit ihren Sinn verloren.

Dirk III

Lieber Herr Domizlaff,

Der erste Brief von diesem Boot geht an Sie als meinem Vater auf dem Gebiet des Yachtsports. Danken möchte ich Ihnen von Herzen für die Welt, die Sie mir eröffnet haben, und die mir soviel Schönes gezeigt hat, daß ich Jahre brauche, um es mit mir selbst in Einklang zu bringen. Aber um ein Zitat aus Ihrem Buch zu brauchen »an Bord ist es doch am schönsten«, das kann ich hundertfach bestätigen.

Aus dem Briefwechsel mit Herbert von Karajan

Nur einen Punkt möchte ich als gesichert festhalten, und zwar die Überzeugung, daß das bewußte Denken, d.h. der Gebrauch der Vernunft, niemals schöpferisch, niemals gestaltend und niemals ursächlich sein kann, sondern ausschließlich selektiv. Keine Tat läßt sich errechnen, sie läßt sich höchstens nachrechnen und somit angenähert wiederholen.

Analogik

Es gibt Wissen, das als zweifellos gesichert anzusehen ist – aber damit ist es zugleich abgetan.

Analogik

Schon der alte Platon teilt alle Genußmöglichkeiten des Menschen in zwei scharf voneinander zu trennende Arten, die den

Zusammenhang des Tabakgenusses mit den wesentlichsten geistigen Werten des Menschen bedingen. Er unterscheidet einerseits die negativen Genüsse, d.h. solche, die nur in der Beseitigung eines Mangels bestehen. Hierzu rechnet er alle Genüsse des Essens, Trinkens, der Liebe usw. Die andere Art von Genüssen nennt er die Geschenke der Götter. Hierzu gehören nur zwei Formen: die Freude an Erlebnissen und Ergebnissen des Verstandes und Narkotika. Man lese im Symposion des Xenophon die Worte des großen Sokrates, mit denen er den Segen dieser Göttergeschenke vertritt!

Vademecum für Raucher

Die Vernunft soll keine Lebensbilder konstruieren, sondern sie soll ihr Erfahrungswissen dazu benutzen, um das Leben zu pflegen.

Analogik

Kompositionswille und Stil

Mein Gehirn ist geneigt, jeden Anlaß zu benutzen, um Kompositionen zu bilden.

Psychische Grundgesetze

Jedes Strukturgebilde ist ein Ganzes aus Teilen oder ein Teil eines Ganzen oder beides.

Analogik

Was ich Leben nenne, ist nur eine Art der Unbegreiflichkeit eines zeitlich kompositionellen Eigensinnes.

Psychische Grundgesetze

Das Gehirn des Menschen ist mit einer Glocke vergleichbar, die auf eine bestimmte Klangkomposition abgestimmt ist. Ist hierbei ein einzelner Ton vorherrschend, und spiele ich diesen Ton auf einer Geige, dann beginnt die Glocke im Einklangsbestreben selbst zu tönen und den Reichtum ihres Klanges zu offenbaren. Damit schwingen in der Klangkomposition der Glocke auch solche Töne mit, die von der Geige gar nicht angesprochen worden waren. Andrerseits werden von der Glocke viele Töne nicht mitübernommen, die von der Geige verkündet werden, so daß die Kompositionsübereinstimmung trotz der unmittelbaren Anregung als alleinige Ursache des Mitschwingens recht mangelhaft ist.

Es kann aber auch sein, daß die Geige einen Ton spielt, der in der Klangkomposition der Glocke nur als Oberton ohne beherrschende Bedeutung mittönen kann. Wiederum wird die Glocke

– wenn auch nur sehr leise – ihre eigene Komposition andeuten. Die Glocke sucht sich aus den Tönen der Geige stets diejenigen aus, für die sie eine Mitschwingungsneigung besitzt.

Ebenso arbeitet das Gehirn, wenn auch ungleich mannigfaltiger und weniger einseitig in der Mitschwingungsbereitschaft. Auch bei dem Gehirn ist es nur ein Gleichklangsbestreben, das die Übertragung von Vorstellungen, d.h. die Erweckung gleichklingender Kompositionen ermöglicht, und auch hierbei handelt es sich darum, welche Kompositionsneigungen das Gehirn seiner Art nach besitzt und später angenommen hat. Jeder Mensch entnimmt den Anregungen immer nur einen Struktursinn für solche Teilkompositionen, die der Kompositionsneigung seines Gehirns entsprechen.

Psychische Grundgesetze

Der menschliche Denkapparat als Mittler zwischen Wirklichkeit und Darstellung oder zwischen Einfall und Ausdruck muß den Struktursinn in irdisch unbegrenzter Mannigfaltigkeit nachbilden und dadurch übertragen können. Das verlangt einen Anlaß zu dieser Tätigkeit, den ich das strukturelle Gleichklangbestreben nenne.

Analogik

Der unmittelbare Urtrieb macht sich durch ein Konsonanzbestreben geltend, alle Vorstellungen harmonisch-organisch auszugestalten und zu einem Strukturgebilde zu formen, das die Bezeichnung einer künstlerischen Komposition im umfassendsten und tiefsten Sinne des Schöpferischen verdient. Wenn es auch nur vergleichsweise wenigen Menschen vergönnt ist, den Urtrieb in höchster Reinheit zu verspüren, so ist er doch als Kompositionsneigung in jedem Denkapparat eines normalen Menschen wirksam. Auf der Vorstufe schöpferischer Kleinarbeit, auf der sich die Wissenschaft zumeist bewegt, beweist er sein Dasein durch die Neigung und Fähigkeit, Schlüsse zu ziehen, d.h. kleinere bruchstückhafte Erlebnisse der Wirklichkeit durch harmonische Formung und notfalls durch Ergänzungen kompositorisch zu vereinigen.

Analogik

Den Urtrieb kann ich auch den Kompositionstrieb nennen, denn er schafft die unterschiedlichsten Teilkompositionen aus Teilen und Teilganzen. Die Art der organischen Komposition ist die Art des Sinnes und ein begrenztes Spiegelbild der Gesamtkomposition der Wirklichkeit.

Psychische Grundgesetze

Wenn man von Masse im Zusammenhang mit einer Massenbildung spricht, darf man nicht an innerlich beziehungslose Materialanhäufungen denken, sondern muß irgendeine Gestaltung als Spur eines Kompositionssinnes voraussetzen, ohne den jede Konsonanzerscheinung sinnlos wäre.

Analogik

Alle Methoden zur Beeinflussung eines Großorganismus beruhen in der Fortsetzung des Stilgedankens mit dem besonderen Ziel der Erweckung und Verdeutlichung des Zusammengehörigkeitsgefühls aller Organe und Massenbestandteile.

Brevier für Könige

Die das Denken veranlassende Kraft muß kompositorisch beschaffen sein.

Analogik

Die beiden Zielarten: selbst eine volle Komposition zu bilden oder eine übergeordnete Komposition durch mich als Kompositionsteil zur Erfüllung zu bringen, kontrastieren auch untereinander mit aller Mannigfaltigkeit. Ihre Gegenpole bilden die Genüsse: das Bewußtsein des Individuums und das Aufgeben des Bewußtseins in einer Kollektivvorstellung mit völliger persönlicher Unterwerfung. Dazwischen liegt die Mannigfaltigkeit der Konflikte.

Psychische Grundgesetze

Um so vollständiger eine übergeordnete Vorstellungskomposition den einzelnen Menschen als Teilkomposition verbraucht, desto weiter entfernt sich der Mensch mit seinen Eigenschaften von dem Bild des schöpferischen und bedenkenlos raubtierhaften Eroberers.

Psychische Grundgesetze

Ich habe einen berechtigten Anlaß zur Vermutung, daß der Organismus des Weltganzen wie ein riesiges Kunstwerk in sich selbst tragend und abgeschlossen ein Gleichgewicht manifestiert, das ich harmonisch nenne.

Psychische Grundgesetze

Alle Elementarbestandteile und alle Menschen erfahren unter bestimmten Voraussetzungen erst durch Aufgehen in eine umfassendere Ordnung eine größere Erfüllung ihres Daseinssinnes. Ein isoliertes individuelles Wesen ist kompositorisch stets unbefriedigt, denn die das Dasein bedingenden Spannungen und Triebkräfte können nie in sich selbst allein Genüge und Ausgleich finden. Das möglicherweise durch sie entstehende neue Massenlebewesen wird so viel Kompositionsmaterial einzubauen suchen, als die im status nascendi zusammengetragenen Kräfte der Kompositionsidee ermöglichen. Allmählich ist diese in ihrer Selbständigkeit so weit gefestigt, daß sie sich vorzugsweise innerorganisch weiterentwickelt. Deshalb darf man nicht allein mit dem Konsonanzbestreben zur Gewinnung von ergänzenden Teilen rechnen, sondern im erhöhten Maße mit der Ganzheitskonsonanz des Gestaltungswillens.

Analogik

Das wichtigste Geltungsmittel der Staatsethik ist der Stilzwang, wie ihn Menschen gewaltlos ausüben können, deren Vorbildlichkeit allgemein anerkannt wird.

Seele des Staates

Die Staatsmänner glauben zwar immer noch, über Krieg und Frieden, Wohlfahrt und Elend oder Untergang entscheiden zu können, aber da sich der eigentliche Wettbewerb mit Stilmitteln in dem Geisterbereich seelischer Kräfte abspielt, das im allgemeinen dem Verständnis der Politiker verschlossen bleibt, ist wohl lange nicht mit einem echten Volkssymbol zur Bindung seelischer

Energien zu rechnen, welches das Selbstbewußtsein der Einmütigkeit gestatten könnte.

Stilunsicherheit der Deutschen

Das römische Reich hat bereits sehr frühzeitig eine Institution geschaffen, die mit entsprechenden Machtmitteln ausgestattet, nur die Aufgabe besaß, eine wirkungsstarke Stileinheit des repräsentativen Roms rücksichtslos zu erzwingen und mit eiserner Konsequenz aufrecht zu erhalten. Die Verhältnisse aus der Zeit von vor zweitausend Jahren lassen sich ohne weiteres auf die heutige Zeit übertragen, denn das psychische Hilfsmittel der Stileinheit ist heute nicht weniger stark.

Propagandamittel der Staatsidee

Erachtet man es als erwiesen, daß nicht nur im Verhältnis einzelner Menschen untereinander, sondern auch im Zusammenleben der Völker die durch Stilbeweise bedingten Anhaltspunkte für Sympathien und Hochachtung wichtiger sind, als alle Machtmittel an Geld, Gut und Befehlsbereichen, so entsteht für ein Volk die Frage, wie man methodisch die Stilgewalt erweitern könnte. Hier kommen uns die Erfahrungen der Markentechnik zu Hilfe, die ein Leistungsangebot so umkleiden läßt, daß über eine wahrhaft gute fachliche Zweckerfüllung hinaus eine Befriedigung psychischer Bedürfnisse zur Gewinnung eines weltöffentlichen Vertrauens erfolgt. Auch hier handelt es sich um Stilmittel. Anpassung hat die schädliche Nebenwirkung einer Gefährdung der Stilhoheit. Die betont willige Anpassung ist markentechnisch allgemein kein zuverlässiges Mittel der Vertrauensgewinnung. Dazu eignet sich ein gewisses Quantum Selbstbewußtsein weit besser, sofern es nicht aufdringlich und geschmacklos ist. Ein sinnfällig ausgeprägter Charakter hat nach ewigen psychologischen Gesetzen im Falle guter Formung weit mehr Aussicht auf Anerkennung.

Stilunsicherheit der Deutschen

Im Hinblick auf die Formsprache des Staates gilt es also, das deutsche Volk auf seine Eigenarten, auf seine Tradition und seinen Vorstellungsbestand zu untersuchen, um von vornherein

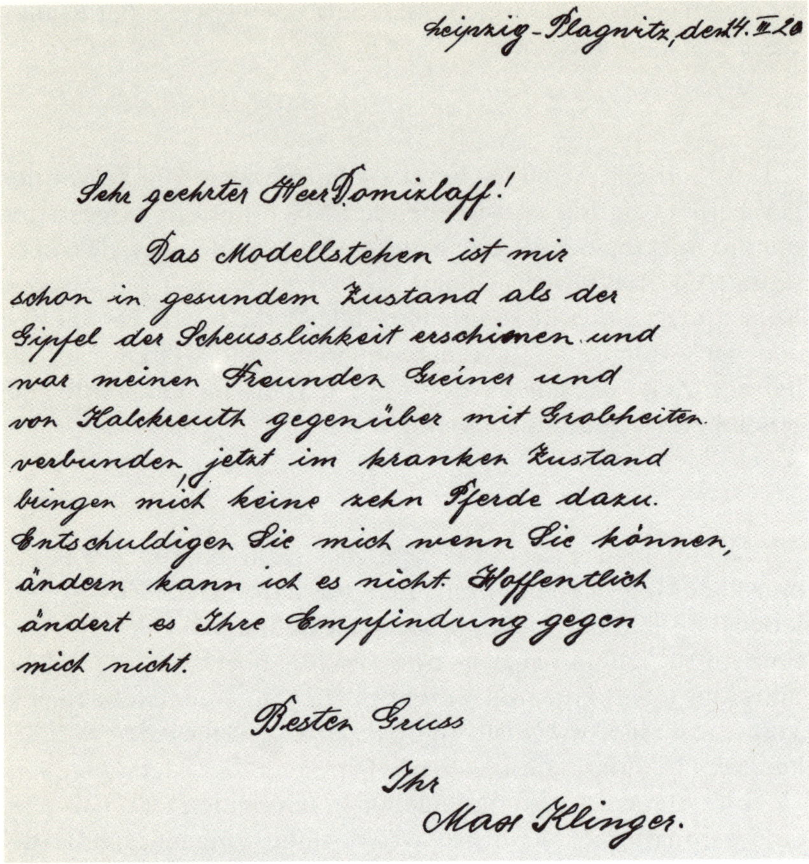

Leipzig-Plagwitz, den 14. III. 20

Sehr geehrter Herr Domizlaff!

Das Modellstehen ist mir schon in gesundem Zustand als der Gipfel der Scheusslichkeit erschienen und war meinen Freunden Greiner und von Kalckreuth gegenüber mit Grobheiten verbunden, jetzt im kranken Zustand bringen mich keine zehn Pferde dazu. Entschuldigen Sie mich wenn Sie können, ändern kann ich es nicht. Hoffentlich ändert es Ihre Empfindung gegen mich nicht.

Besten Gruss

Ihr

Max Klinger.

Max Klinger am 14. März 1920; Antwort auf den Wunsch von Hans Domizlaff, seinen Lehrer zu portraitieren alles zu vermeiden, was von außen herangetragen wird. Weiterhin bedarf man einer Untersuchung des heutigen Entwicklungsstadiums, denn es gibt niemals zeitlose Rezepte, sondern immer nur ein Richtig oder Falsch in bezug auf eine kürzere oder längere aktuelle Lebensphase.

Es geht um Deutschland

Dazu ist es wichtig, sich keine künstlichen und nur scheinwirksamen Charaktermerkmale zuzulegen, sondern solche, die im deutschen Volke innewohnen und bei denen man sich nur auf Bereinigung und günstige Herausstellung beschränkt. Bedeutsam ist es, hierbei auf Traditionswerte zu achten und solche Wesenszüge bevorzugt in das richtige Licht zu stellen, die schon früher anerkannt wurden, und die demzufolge am leichtesten auf Resonanz rechnen können.

Stilunsicherheit der Deutschen

Das Volk will auf ein Spiegelbild seiner selbst stolz sein dürfen.

Propagandamittel der Staatsidee

Stilmittel des Staates als psychologische Wirkungsträger gibt es in Deutschland fast gar nicht oder noch fast gar nicht. Dies ist, neben der wirtschaftlichen Not der Zeit, die Hauptursache der geringen Beständigkeit politischer Anschauungen.

Propagandamittel der Staatsidee

Der Stil wandelt sich, aber der Propaganda-Stil einer Staats-Idee als Ausgangspunkt für künstlerische Gestaltungen muß immer gleichbleibend die Würde repräsentieren, durch die sich der Staat Ansehen verschaffen will.

Propagandamittel der Staatsidee

Warum soll dem deutschen Volk versagt bleiben, auf seine Volksvertretung wirklich stolz sein zu dürfen? Das ist nur eine Stilfrage!

 Propagandamittel der Staatsidee

Immerhin läßt sich voraussehen, daß die inneren Gewissensregungen der Stilunsicherheit in Rußland früher oder später zu verhängnisvollen Schwächeanwandlungen führen. Der derzeitige Denkstil der russischen Innenpolitik ist auf die Dauer fehlwirksam, weil ihm die seelische Ursprünglichkeit fehlt.

Stilunsicherheit der Deutschen

Vielleicht ist das Eigenleben eines Wirtschaftsgebildes wegen seiner Abkehr vom nüchternen Ursprungszweck besonders sinnfällig, um zu zeigen, daß alle Kompositionen von lebendigen Wesenheiten genau die gleichen Eigenschaften wie ein Lebewesen zeigen, auch wenn ich das Wort Lebewesen dafür bisher nicht anzuwenden gewohnt bin.

Psychische Grundgesetze

Es gibt auch Spielregeln, deren Befolgung aus Stilgründen empfehlenswert ist, also um wichtiger Wirkungen willen.

Brevier für Könige

Alles Erkennbare ist ausnahmslos einmalig.

Psychische Grundgesetze

Kunstwerke können zu befruchtenden Offenbarungen werden und einen Reichtum an Blüten bedeuten, aber sie vermitteln keine Kräfte. Nur in seltenen Fällen dienen sie einer neuen Entwicklung als Entstehungsursache, die jedoch erst eine Frucht in den mütterlichen Urgrund senden muß, um die Kräfte des unbekannten Ursprungs zu gewinnen.

Analogik

Kunstwerke sind Vorkompositionen, die ein Mensch in sich aufnimmt und verarbeitet, um das schöpferische Walten des Urtriebes zu verspüren.

Analogik

Trotzdem der Kunstgenießer bis zu einem gewissen Grade – wenn auch nur unselbständig – schöpferisch sein muß, um die

Vorkomposition vervollständigen zu können, nährt er sich nicht mehr in einem nennenswerten Maße aus dem Raum der unbekannten Ursachen. Das tut jedoch der urschöpferische Künstler, der darin sehr viel mehr den primitiven Lebewesen ohne verfeinerte Bewußtseinsstruktur ähnelt.

Analogik

Jeder Kunstgenuß ist ein Erlebnis der schöpferischen Individualität und ein Zeugnis, daß der einzelne Mensch ein Ebenbild des Weltschöpfers sein kann. Jede Ergriffenheit von einem Erlebnis der reinen Natur kennzeichnet dagegen die Auflösung des Individuellen durch das Ahnen eines Teildaseins in der Weltschöpfung.

Analogik

Wenn ein Vorstellungsgebilde meines Denkapparates mit dem Willen der Kraft, die dazu Anlaß gegeben hat, genau übereinstimmt, dann kann man dafür das Wort konsonant benutzen. Konsonanz bedeutet eine Übereinstimmung im Struktursinn ohne Identität des Materials.

Analogik

Das kennzeichnende Wort für das Gewohnte ist: vertraut. Die Kennzeichnung für den Einklang mit dem Urtrieb bzw. seiner Mannigfachigkeit ist: schön. Aus vertraut und schön setzen sich alle Vorstellungen zusammen, die Lust erzeugen.

Psychische Grundgesetze

Nur der Kompositionssinn zeigt die Besonderheit eines gewissen Lebensanspruches.

Psychische Grundgesetze

Eine höfliche Form wirkt immer versöhnend.

 Propagandamittel der Staatsidee

Organismus und Organisation

Unterschiede sind das Leben, Gleichförmigkeit ist der Tod. Nur die Hemmungslosigkeit der Unterschiede muß durch den Stil und die Einbaumöglichkeiten einer Gemeinschaft gesteuert werden.

Drachensaat

In allen lebensfähigen Gebilden ist eine Gleichmacherei sinnlos. Die Natur zwingt die Menschen als Bauteile eines Großorganismus in die verschiedenartigsten Stellungen, Gruppen und Organisationsteile hinein, die alle Teilfunktionen zu erfüllen haben und erst in ihrer organischen Gesamtheit die Lebensfähigkeit ergeben.

Brevier für Könige

Billige Vernünftelei, die seelische Werte in Abrede stellt, wirkt für jeden Organismus zersetzend, gleichviel ob Staat, Familie, Kirche oder eine Arbeitsgemeinschaft.

Es geht um Deutschland

Es ist notwendig, mit aller Deutlichkeit, aber auch mit aller Delikatesse darauf hinzuweisen, daß in einem Markenunternehmen alle Kompetenzstreitigkeiten, persönlichen Antagonismen, unsichtbares Gegeneinanderspielen und Nichtanerkennung der unbedingten Suprematie des Markenmotivs und der Markenführung sehr schnell jede Entwicklung zum Erliegen bringen.

 Vorschläge

Der besondere Charakter einer Marke verlangt ausnahmslos für alle Planungen, also sowohl der fabrikatorischen Arbeitsstätten wie auch der Absatzorganisationen, eine völlige Unterworfenheit unter das Markenmotiv, d.h. unter die erfinderisch-unternehmerische Idee eines Angebots. Das betrifft nicht nur Markenartikel der üblichen Art oder alle sonstigen greifbaren Waren, sondern auch politische Ideen, künstlerische Ausprägungen und ähnliche Ziele der geistigen Markteroberung.

Vorschläge

Die Siemens-Elektrogeräte AG sollte eine mit Weisheit und künstlerischer Feinfühligkeit dirigierte Gemeinschaft von Kleinkönigen sein. Die Kleinkönige müssen dann aber im Bereich der von ihnen vertretenen Markenmotive auch als wirkliche Souveräne anerkannt werden, wie richtige selbständige Markenunternehmer. Jeder von ihnen kann sich dem ausgezeichneten Vertriebsapparat anvertrauen, ebenfalls wieder nach frei verhandelten Vereinbarungen. Der gewaltige Werbedienst des Hauses erschließt ihm alle erdenklichen Publikationsmöglichkeiten in genauer Übereinstimmung mit seinen unternehmerischen Zielstellungen. Selbstverständlich steht ihm auch eine sachkundige Finanzabteilung beratend zur Seite, um seinen initialen Geldbedarf oder Sonderkredite zu diskutieren. Aber all diese Hilfen bleiben seinem Ermessen unterworfen. Glaubt er, mit den Einrichtungen des Hauses Siemens nicht ausreichend bedient zu werden, so muß er sich überall dorthin wenden dürfen, wo er bessere Angebote erwartet, allerdings vorbehaltlich einer gewissen Kontrollbefugnis des Vorstandes.

Vorschläge

Formgebung hat keinen Selbständigkeitswert. Sie ist Dienerin am Markenmotiv.

Vorschläge

Das Phänomen des Teilkönigreiches kommt einem Großunternehmen durch seine Leistungsimpulse häufig zugute; es kann aber auf falschen Wegen auch verhängnisvoll werden, bis zur tödlichen Bedrohung des Unternehmens. Mit seiner zunehmenden Vergrößerung und einer dadurch verminderten zentralen Direktion kommt es zu Kompetenz-Königen, die ein hohes Maß an Selbständigkeit erreichen, so daß sie – auch wenn dies nach außen hin wenig sichtbar sein mag – mit den sie ergänzenden Kollegen auf sozusagen demokratischer Basis über die Zusammenarbeit verhandeln und dabei ihre speziellen Interessen nachdrücklich vertreten. Mit diesem Geltungstrieb entsteht in voller Überzeugung, damit dem Ganzen bestens zu dienen, innerhalb des lebendigen Organismus eines Großunternehmens eine Art Kompetenz-Kampf, der zwar den Vorteil eines erhöhten Leistungsantriebs mit sich bringt, aber durch Vergeudung von Kräften und vor allem durch eine unterbewußte Vernachlässigung der gemeinsamen Zielforderungen schädlich werden kann.

Vorschläge

Niemand kommt auf die Idee, einen Homunkulus konstruieren und ihm Leben einhauchen zu können. Der Mensch ist immer von der Mystik seiner naturhaften Entstehung abhängig. Aber sehr viele Menschen glauben, einen Großorganismus in allen Einzelheiten, gewissermaßen von Zelle zu Zelle, aufbauen und genauestens kontrollieren zu können. Später wundern sie sich, daß sich kein rechtes Leben zeigen will. Charakteristisch dafür sind die tödlichen Erscheinungen der sogenannten Überorganisation.

Brevier für Könige

Ein Markenunternehmen muß als eine sehr frühe und sehr ursprüngliche Form einer wirtschaftlichen Gemeinschaft bezeichnet werden, denn sie ist sehr deutlich – zumindest in den Paradefällen, z.B. Werner von Siemens – von einem einzelnen erdacht, komponiert und souverän dirigiert. In aufsteigenden Markenunternehmungen kann immer nur ein Wille herrschen, und jedes Aufflackern von Kompetenzstreitigkeiten, die nicht von der tyrannischen Hand eines einzelnen Unternehmers richtig geleitet und damit praktisch nutzbar gemacht werden können, muß zu gewaltigen Kräfteverlusten, zu uferlosen Diskussionen und schließlich zur markentechnischen Unsicherheit führen.
 Fühlbare Unsicherheit lähmt jedes Markenunternehmen, sofern

es sich nicht in den Alterszustand einer reinen Verwaltung langfristig gängiger Markenerzeugnisse gerettet hat.

Vorschläge

Die meisten nicht natürlich gewachsenen, sondern unternehmerisch eroberten großen Reiche, zerfielen sehr bald nach dem Tode ihres Gründers. Erbteilung, Erbstreitigkeiten und äußere Ansprüche der bereits in Purpur geborenen und verwöhnten Kinder lenkten von den Gründungszielen des Unternehmens ab und zerstörten die Basis.

Unternehmertum

Königreiche, die nicht organisch erdacht sind, sondern auf Gewalt und moralbeugenden Mitteln beruhen, haben nur kurzen Bestand. Kriegsrecht ist nicht Friedensrecht. Mit dem ersten erobert man, aber mit dem zweiten festigt man die Eroberung.

Unternehmertum

Bringt man mit einer »vernünftigen« vollständigen Regulierung in einem Großkönigreiche den Urtrieb zum Verdorren, dann verliert das Reich die seelischen Kräfte seiner Organe. Auch bei einem Königreich der Wirtschaft macht sich sehr bald eine solche Verkennung der Natur bemerkbar.

Brevier für Könige

Je größer, langlebiger und durchorganisierter ein Großorganismus ist, auf einer desto niedrigeren Stufe bleibt er in seinem geistigen Kompositionsvermögen stehen.

Brevier für Könige

Die Grenzen Deines Königreiches werden nicht von Deinem Bewußtsein, sondern von Deiner unbewußten Schöpferkraft gezogen.

Brevier für Könige

Der lebendige Organismus eines gesunden und entwicklungsfähigen Volkes ist so kompliziert wie der menschliche Körper. Es ist dem größten Genie nicht möglich, einen solchen Organismus theoretisch vorzuzeichnen und praktisch zum Leben zu erwekken. Der Berufene kann sehr wohl pflegen, nachhelfen, beschneiden und erziehen, aber alle rechnerischen Weltordnungspläne sind sinnlos und in ihrer Naturwidrigkeit gefährlich, denn sie lassen ungeheure Spannungen entstehen. Die Hoheit der Lebensgesetze und die Selbstherrlichkeit der Natur der Menschen und der Völker wird niemals straflos mißachtet.

Drachensaat

Völker sind zwar aus Menschen zusammengesetzt, aber sie sind niemals eine einfache Addition oder ein Durchschnitt der Geistigkeit der einbegriffenen Menschen. Sie sind etwas völlig andersartiges Neues, wie auch ein Haufen Zellen noch nicht die Wesenhaftigkeit der aus ihnen gebildeten Menschen bestimmt.

Drachensaat

Du kannst ein Lebewesen bis zu einem gewissen Grade beherrschen lernen, aber Du kannst es niemals idealistisch konstruieren. Du würdest bei der Konstruktion tausend Dinge vergessen, die zur organischen Vollständigkeit gehören.

Brevier für Könige

Das »Brevier für Könige« ist ein kluges Buch, dem nur die eine Gefahr droht, daß es Mißverständnissen ausgesetzt ist, also Gernegroßen Werkzeuge vermittelt, mit denen sie nicht umzugehen vermögen.

In: Gewerkschaftliche Monatshefte

Kein Menschengehirn kann die organische Vollständigkeit eines Lebewesens ersinnen, kein Mensch kann toten Dingen Leben einhauchen, aber er kann lebendige Wesen beeinflussen, und das ist der eigentliche königliche Beruf.

Brevier für Könige

Ein Geschöpf, das seine Seele verloren hat, wird zum Gespenst. Kein Mensch und kein Volk kann ohne einen psychischen Halt bestehen, und alle Vernünftigkeit wird ohne eine unwägbare Seele zur golemartig häßlichen Fratze des Menschentums.

Drachensaat

Die allseitige Sichtbarkeit gehört nicht zu den Bedingungen eines Lebewesens.

Brevier für Könige

Auch Bäume, Baulichkeiten oder Geräte lassen menschliche Beziehungen in immer neuen Zusammenhängen mit einer Art Bühnensprache verspüren.

Testament

Die Erfüllung billiger Eitelkeit ist bedeutungslos, aber folgenreich ist die Manifestierung von Zugehörigkeit.

Erste Schritte

Niemand wird bestreiten können, daß die herkömmlich soziale Stufeneinteilung der Menschen heute nicht mehr haltbar ist. In den Kulturstaaten haben sich die Menschen außerordentlich nahe angeglichen, so daß daraus die Wahnidee der absoluten Gleichheit hergeleitet werden konnte. Damit ist jedoch noch nicht gesagt, daß die Zeit gekommen ist, alle Stufeneinteilungen für die Zukunft prinzipiell abzuschaffen, denn jede organische Gemeinschaft (nicht-organische Gemeinschaften sind nicht lebensfähig) bedarf in alle Ewigkeit einer Struktur mit den von der Natur vorgeschriebenen Abstufungen der Direktions- und Gehorsamverhältnisse und der Kampfebene. Es kommt lediglich auf das Auffinden der neuerlich gültig gewordenen Unterscheidungsmerkmale an.

Erste Schritte

In den heutigen Zeiten ist es ganz anders. Es gibt heute so viele aus einer weiblichen Vielfalt hervorgegangene Großorganismen, daß sogar – wenn wohl auch nur selten und nicht leicht erkennbar – von weiblicher Zeugungskraft in geistigen Ebenen gesprochen werden darf.

Analogik

Freiwilligkeit ist immer ein Zeichen der Resonanzfähigkeit.

Schulreform

Alle geschichtlich wirksamen Machtballungen der Verteidigung oder Rettung aus materiellen und seelischen Notlagen waren gewachsene Organismen. Alle Organismen entstehen aus einer Idee, die in ihrer Umwelt eine Resonanzbereitschaft findet, so daß sich den wenigen unscheinbaren Zellen des Ursprungs allmählich weitere Zellen zu einem Elementarorganismus anschließen.

Erste Schritte

Das Rechtsbewußtsein des Buchstabens verführt zur Schwächung des ehemals kristallklaren Rechtsgefühls.

Nachdenkliche Wanderschaft

Dein Reich ist ein lebendiger Organismus, und Deine Untertanen sind in der raubtierartigen Einseitigkeit des Denkens eines solchen Großorganismus befangen. Sie sind gleichzeitig Untertanen von vielen anderen Großorganismen, die zwar außerhalb Deiner Reichsgrenzen liegen, aber sich bemühen, die Grenzen zu Deinen Ungunsten zu verschieben. Du mußt also wissen, welche Großkräfte auf Deine Untertanen von Einfluß sind oder sein können.

Brevier für Könige

Das Mittel, mit dem Du den Zerfall Deines Gegners erreichst, wird auch Dich mit dem Zerfall bedrohen. Der zunehmende Individualismus vermindert das Herrschertum in seiner Gesamtheit. Du brauchst nur den einfachen Fall anzunehmen, daß Du durch übergroße Gehälter einige fachlich leistungsfähige Beamte Deinem Gegner abspenstig gemachst hast. Solche kaltherzige und durch den Hinweis auf ungewöhnliche materielle Vorteile vergiftete Beamte können Dir das kompositorische Leben eines wichtigen Organs gründlich verderben. Du hast durch die Erweckung rationalistischen Denkens den kompositionsfeindlichen Individualismus mit seiner Infektionsgefahr heraufbeschworen, und Du wirst demzufolge von dem erhofften Gewinnergebnis enttäuscht sein.

Brevier für Könige

Innere Bindungen gibt es nur in echten Organismen, aber eben nicht in Organisationen.

Es geht um Deutschland

Da die Wahrheit nur für Berufene bestimmt ist, darf sie um der Deutlichkeit willen auch unliebenswürdig sein.

Drachensaat

Die Masse ist ein primitives Raubtier.

Es geht um Deutschland

Die gnadenlosen Stimmen der Masse kennen nur Launen. Sie schreien heute »Hosianna« ohne Sinn und Verstand, und sie rufen ohne Hemmungen am nächsten Tage »Kreuzige ihn«. Der einzelne verliert in der untertänigen Vielheit seine Verantwortlichkeit, und sogar die Athener, das geistig höchststehende Volk der Geschichte, zwangen durch das Scherbengericht einen Sokrates, den Giftbecher zu leeren.

Es geht um Deutschland

Der Organismus einer Gemeinschaft kennt nur massenpsychologische Beeinflussungen, aber niemals Güte, niemals Erbarmen, niemals Klugkeit, niemals Weitblick, niemals eine Gerechtigkeit des Gewissens, niemals ein echtes Schuldgefühl und niemals eine Verantwortlichkeit den ewigen Mächten gegenüber, in deren Hände der einzelne sein Schicksal gelegt weiß.

Es geht um Deutschland

Es sind immer Volksmassen, die die größten Unmenschlichkeiten begehen und von denen Christus sagen mußte: Sie wissen nicht, was sie tun. Jeder der die Menschenseele kennt, weiß, daß eine Masse keine Schuld trägt, denn sie rinnt wie Wasser durch die Hände, ohne daß die Tropfen einen Namen tragen, und sie gehorcht nur dem jeweiligen Gefälle.

Es geht um Deutschland

Gewissenlos handeln nur Verbrecher oder Massenwesen.

Es geht um Deutschland

Die Masse selbst ist mörderisch von Natur. Sie prägt in allen Massenmenschen ein uneingestandenes Bedürfnis des Tötens ein, und so kommt es zu dem auffälligen Dualismus zwischen Publikum und Sachverständigem bzw. feinsinnigem Einzelmenschen.

Es geht um Deutschland

Es ist allerdings wichtig, sich immer daran zu erinnern, daß ein Mensch auf vielen Ebenen zu gleicher Zeit steht, daß er also auf der einen Ebene Individuum, König oder Caesar sein kann, auf einer zweiten Ebene zu den Platonikern oder Machiavellisten gehört und auf vielen weiteren Ebenen als Massenmensch ohne Geistigkeit, ohne Ansprüche auf Selbständigkeit des Denkens und der Seele einer zentralen Leitung mehr oder weniger willenlos wie eine Arbeitsbiene oder eine kriegerische Ameise unterworfen bleibt.

Brevier für Könige

Die Bezeichnung »Masse« darf nicht als etwas Verächtliches betrachtet werden. Große Führer neigen nach ihren Erfahrungen mit der Massen-Psyche, die sehr unvernünftig zu sein scheint, oft dazu, diese Erfahrungen in Menschenverachtung umzusetzen. Jeder Mensch, auch der klügste und selbständigste Denker, wird in irgendwelchen Fällen Teil einer Masse und somit psychisch unselbständig. So kennt jeder Theaterdirektor eine bestimmte Massen-Psyche, genannt »Publikum«. Dieses Publikum kann sich aus den klügsten Köpfen zusammensetzen, immer ist der Theaterdirektor versucht, diese Massen-Erscheinung als ein großes, durchaus nicht besonders kluges Tier zu betrachten. Derselbe Theaterdirektor, der im Theater als Einzel-Individuum selbständig einer geistig weniger wertigen Masse, dem Publikum, gegenübersteht und sich seiner Überlegenheit bewußt wird, gehört beispielsweise einem Arzt gegenüber wiederum zu der großen Masse, die der Arzt seinerseits mit bewußter Überlegenheit summarisch als »Publikum« bezeichnet, wobei er die charakteristischen Merkmale der Typisierung auf einer niedrigeren Geistesstufe interessiert aus der Distanz seiner Sonderstellung zu beobachten gewohnt ist. Dem Reklamefachmann gegenüber wird auch wiederum der Arzt zum Bestandteil der dumpfen Masse herabsinken, die nur mit groben Mitteln zu Handlungen bewegt werden kann. Jeder Mensch ist einmal Individuum, einmal Teil einer Masse, und somit wechselt seine Psyche und damit sein geistiges Niveau.

Propagandamittel der Staatsidee

Jedermann ist mehr oder weniger nicht allein eine Einzelpersönlichkeit, sondern zugleich ein Teil von Massenwesen vielfacher Art, beginnend mit der unablösbaren allmenschlichen Gemeinschaft, dann den heimatlichen, beruflichen und musischen Gruppengebilden bis zur engsten Familie.

Religiöse Phänomene

Jeder Mensch gehört gleichzeitig vielen Massen- oder Großorganismen an. Außerdem gibt es viele kleinere und deshalb unscheinbare Massen, z.B. die Masse der Anhänger von Schmidt-Schokolade, von Ova-Zigaretten, von Nivea-Creme, von Verehrern eines Heilkundigen usw. Oft sind die Massen sehr flüchtiger Art wie bei Unglücksfällen, Sensationen, Protestkundgebungen usw. Immer aber müssen sie durch ein gleichartiges, wenn auch organhaft abgestuftes Interesse eine größere Menschenzahl einer Idee untertan machen können.

Markentechnik

Man kann eigentlich nicht von einer Masse schlechthin sprechen, sondern von Abstufungen zwischen den beiden Extremen. Das theoretische Individuum ist befähigt, selbständig Schlüsse zu ziehen, ein eigenes Urteil zu gewinnen und seinen Handlungen sachliche Überlegungen vorauszusetzen. Die Masse ist weitgehend denkunfähig. Selbst die einfachsten Schlußfolgerungen werden vernachlässigt. Einen einzelnen Menschen kann man mit Hilfe von Vernunftgründen erziehen. Eine Masse gehorcht fundamentalen Gesetzen, von denen sie nicht abgebracht werden kann. Das Individuum ist bestrebt, sich niemals durch den äußeren Schein blenden zu lassen. Der Inhalt einer Rede ist ihm wichtiger als die äußere Form. Der Masse hingegen ist der gedankliche Inhalt eines Überzeugungsversuchs nur so weit verständlich, als es sich um allereinfachste Formulierungen allereinfachster Ideen handelt. Das Erinnerungsvermögen des Individuums wird von einer solchen Fülle an Erfahrungsergebnissen beansprucht, daß für einfache Eindrücke wenig Raum bleibt. Das Erinnerungsvermögen der Masse wird kaum durch Schlußfolgerungen und Erkenntnisse belastet, und infolgedessen zeigt die Masse ein beinahe rätselhaftes Gedächtnis für Form und Farbe.

Markentechnik

Die letzte Abteilung bringt eine der erfreulichsten und wertvollsten Entdeckungen der ganzen Ausstellung. Eine kleine Gruppe von Federzeichnungen und Pastellen eines erst siebzehnjährigen Leipziger Gymnasiasten Domizlaff, der völlig als Autodidakt hier Proben einer geradezu verblüffenden künstlerischen Reife und technischen Eigenart gibt. Zu wem man diese phänomenale Begabung in die Lehre schicken soll, ist kaum zu sagen. Die Leipziger Kunst darf diesen Aufstrebenden jedenfalls mit Freuden begrüßen!

In: Leipziger Neueste Nachrichten

Das erstaunliche Maß an Empfindlichkeit für Form und Farbe, das die Masse im Gegensatz zu den einzelnen Individuen bei jedem Anlaß zeigt, ohne sich dabei an anerkannte künstlerische Programme zu halten, ist bei den meisten einzelnen Menschen aus ihrem bewußten Erfahrungswissen verdrängt worden, so daß diese Empfindlichkeit erst in einer Massenbildung wieder zur Geltung kommt.

Markentechnik

Uns als Massenwesen kommt einerseits die Artistik des Westens in der künstlerischen Produktion der Musik und der Malerei ziemlich leer und seelisch oberflächlich vor, andrerseits verliert sich für uns das russische Gefühl zu sehr im Formlosen.

Es geht um Deutschland

Der Volksinstinkt reagiert seiner Eigenart nach viel mehr auf Format, als auf geistige Qualität.

Propagandamittel der Staatsidee

Ganz erstaunlich ist der häufig sichere Instinkt der Masse für Qualität; nur ist der Maßstab sehr oft ein völlig anderer, als das Individuum anzuwenden gewohnt ist.

Propagandamittel der Staatsidee

Die Arbeitsweise des Denkapparates ist grundsätzlich bei einem dummen Menschen nicht viel anders geartet als bei einem klugen, solange wir uns auf der Ebene des Allmenschlichen befinden. Bei einer Zergliederung des Allmenschlichen in Individuen treten Unterschiede auf, die aber nicht die Bedeutung des kompositorischen Restes betreffen oder diesen aufheben, sondern nur einen unterschiedlichen Strukturreichtum bestimmen, der daraus gebildet werden kann.

Analogik

Von dieser Regel gibt es Ausnahmen mit dem Stichwort: Einzeln. Es kann einzelnen denkselbständigen Menschen gelingen, aus den Verstrickungen der Massenpsyche wenigstens in Teilgebieten herauszukommen und mit Hilfe des schöpferischen Vermögens der Selbsterkenntnis tatsächlich die eigene Triebgebundenheit teilweise zu überwinden. Natürlich gehört dazu eine erhebliche Begabung, vor allem, wenn es sich nicht um technische Spezialgebiete, sondern um einen allgemeinen Harmoniesinn handelt, der die Ordnung der Menschen untereinander betrifft. Aber die Fragen der Begabung entziehen sich weitgehend der methodischen Erzeugbarkeit und Vorherbestimmbarkeit.
 Tröstlich ist lediglich die Erfahrung, daß es schon viel mehr

ANAPÄST

Mein Schifflein verbeugt seine Nase
Hinter jeder verrauschenden See.
Allzu folgsam dem Willen der Straße
Unterlieg ich dem Schwanken nach Lee.

Damit fühl ich mich ohne mein Wollen
Erst erniedrigt und dann wieder groß.
Die Entwürdigung steigert mein Grollen
Über jeden empfindlichen Stoß.

Wie die Menschen in räumlicher Enge
Den persönlichen Willen verlieren,
So beginne ich, in dem Gedränge
Eine Massenverdummung zu spüren.

Voller Trotz geh ich höher heran,
Bis der Seegang dem Schiff widerspricht,
Um zu sehn, was ein Steuermann kann,
Der das Drängen der Masse zerbricht.

Tief bohrt sich die Nase ins Wasser.
Helle Spritzer wehn weit über Deck.
Unermüdlich, doch dafür auch nasser,
Überwindet das Schiff seinen Schreck.

Mein Gesicht ist voll salziger Tropfen,
Und der Ausguck am Vorgeschirr meint
Verwundert beim Pfeifenstopfen,
Ich hätte geweint.

Aus dem Gedichtsband »Seezeichen« von Hans Domizlaff

dahinzielende Begabungen gibt, als durch Entfaltung sichtbar werden.

Es geht um Deutschland

Das seltsame, uns allen, den jeweiligen Bezugssystemen entsprechend übergeordnete Gruppenwesen, das wir Masse nennen, ist mit einem gewaltigen Tier vergleichbar, das sich bis zu einem gewissen Grade lenken läßt, sofern die an es gestellten Anforderungen dem Mechanismus des Tieres nicht widerstreben.

Markentechnik

Wirklich, das Buch über die Markentechnik liest sich
für den Intellektuellen wie Goethes Faust, für den
Oekonom wie ein Hayek und für den Praktiker wie ein
Verkaufsgespräch à la Heinz Goldmann. Was drinsteht –
steht für immer.

In: Der Consultant

Caesaren sind unbegreifbar wie Naturereignisse. Sie stammen fast immer aus dem Dunkel des Massenhaftigkeit, und vor ihrer gänzlichen Neuheit versagt alles Erfahrungswissen.

Brevier für Könige

Die überwältigende Mehrheit der Menschen, und darin alle Massenwesen einschließlich der Unternehmer und triebstarken Caesaren, lebt im Dunkeln. Im Dunkeln gibt es keinen Fortschritt. Nur die einzelnen, die zum Licht vordringen konnten, leuchten aus der fernen Vergangenheit bis heute in einem unverminderten Strahlenkranz, ohne daß sie jemals nachhaltig einen Einfluß zugunsten einer Höherentwicklung der Massen genommen haben. Die Hoffnung auf einen Fortschritt der Menschheit beruht danach ausschließlich auf der Annahme, daß die »einzelnen« in ihrer Zahl allmählich zunehmen könnten. Hierfür sind tatsächlich Anzeichen vorhanden, so groß auch die Gefahr der Täuschung sein mag.

Die Zukunft verspricht wegen der zunehmenden politisch-kämpferischen Entmündigung Europas eine Zunahme der Lichterlebnisse auch in den Nachbarstaaten. Der Fortschritt erfolgt also nicht gleitend, etwa in Form einer allmählichen Hebung der Menschheit, sondern in Atomsprüngen, bis die Zahl der denkselbständigen Menschen groß genug geworden ist, um die Massen gewaltlos dauerhaft in Abhängigkeit zu bringen und eine neue Ära des irdischen Daseins einzuleiten. Die Zeiträume, mit denen die Natur rechnet, sind an einem Menschenleben gemessen ungeheuerlich groß. Trotzdem wäre es falsch, mit Passivität abzuwarten, bis sich die Entwicklung von selbst vollzieht, und es wäre gewissenlos, kein Interesse an Vorgängen zu zeigen, die sich in Jahrtausenden abspielen. Die Natur schenkt keine Erkenntnisse, und hierfür muß der Mensch selbst besorgt sein. Er allein hat es in der Hand, mit der Vergrößerung der Zahl denkselbständiger Einzelwesen die blinde Unterworfenheit unter die massenpsychologische Schicksalhaftigkeit aufzulockern und ruckweise zu einer Selbstbestimmung zu kommen, die den Frieden bedeutet.

Es geht um Deutschland

Das Individuum pflanzt sich nicht fort. Es ist einmalig.

Analogik

Die Trennungslinie zwischen selbständiger Denkfähigkeit und massenpsychologischer Entmündigung muß man zuerst einmal in sich selber verspürt und einigermaßen eindeutig zu ziehen gelernt haben, um den Widersprüchen der persönlichen Neigungen entgehen zu können. Dann aber muß man zwischen sich und anderen Menschen den unüberbrückbaren Abgrund ausmessen, der nun einmal zwischen dem denkfähigen Individuum und der Masse besteht.

Es geht um Deutschland

Jeder Beobachter kann bei Unterhaltungen mit einzelnen Individuen ganz deutlich feststellen, wann die selbständige Psyche des Individuums und wann ein Teilorganismus der Massenpsyche zu ihm spricht. Solange sich ein Gespräch in dem engeren persönlichen und vorzugsweise beruflichen Interessenkreis eines Individuums bewegt, solange wird man eine relativ selbständige Psyche bemerken. Sobald aber allgemein interessierende

Themen auftauchen wie Politik, Marken-Artikel- oder Kultur-Fragen, mit denen sich das Individuum nicht speziell beschäftigt hat, dann kommen sofort alle Eigentümlichkeiten und Unvollkommenheiten einer Massen-Psyche zur Geltung, so daß man nicht mehr glaubt, die gleiche Intelligenzstufe vor sich zu haben. Der Mensch verliert als Teil einer Masse den Intellekt des einzelnen Individuums.

Propagandamittel der Staatsidee

Das Wort Masse hat zu vielen Irrtümern geführt. Viele Naturbeobachter haben das wohl manchmal absonderliche Verhalten von Menschenmassen systematisieren und ergründen wollen, aber sie haben nicht die Voraussetzung der organischen Struktur erkannt. Eine Ansammlung von Bausteinen und Menschen ist noch kein Gebäude und noch kein Großorganismus. Dazu gehört vor allem der Begriff der organischen Komposition und das Dasein eines Direktionssinnes. Auch eine Ansammlung von Zellen oder unzusammenhängenden Bienen bildet noch keinen lebendigen Organismus. Erst ihre Beherrschung durch eine Art Zentralgehirn ergibt die typischen Massenerscheinungen der Raubtierhaftigkeit.

Analogik

Wenn man von Masse im Zusammenhang mit einer Massenanziehung spricht, darf man nicht an innerlich beziehungslose Materialanhäufungen denken, sondern muß irgendeine Gestaltung als Spur eines Kompositionssinnes voraussetzen, ohne den jede Konsonanzerscheinung sinnlos wäre.

Analogik

Damit ist allerdings nicht gesagt, daß massenpsychologische Vergewaltigungen menschlicher Denkselbständigkeit regelmäßig auf irrigen Voraussetzungen beruhen und sich stets unheilvoll auswirken müssen, denn ohne den geringsten geistigen Übereinstimmungszwang ist ein Gemeinschaftsleben der bei weitem noch nicht ausgereiften Menschheit schwerlich möglich. In der selbstüberheblichen und irreführenden Behauptung einer verallgemeinerungsfähigen individuellen Vernünftigkeit ist die ganze

Problematik der Autoritätsansprüche eines Führertums enthalten, die in absehbarer Zeit auf Erden ganz bestimmt nicht ohne intellektuelle Konflikte verleugnet werden kann.

Religiöse Phänomene

Jeder Mensch ist in einem gewissen Bereich ein König. Er ist so weit König, als er seelisch selbständig sein darf und sich mit seiner Raubtierhaftigkeit in keiner seelischen Abhängigkeit von Großorganismen befindet. Als Individuum ist der Mensch eine schöpferisch lebendige Komposition des Urtriebes, und damit zeigt er unmittelbar alle Eigentümlichkeiten des Urtriebes, gemäß den jeweils gegebenen Bedingungen hinsichtlich der Stärke des Urtriebes, der Fülle des Kompositionsmaterials und der Größe des Lebensraumes. Gleichzeitig ist der Mensch auch Kompositionsmaterial für Großorganismen. Er ist ein Teil oder eine organhafte Teilkomposition vieler übergeordneter organischer Gestalten.

Diese Einteilung ergibt zwei deutlich voneinander unterscheidbare Gruppen von Eigenschaften. Die erste Gruppe enthält alle individuellen Eigenschaften eines Menschen mit dem gemeinsamen Nenner des Dranges zur eigensüchtigen Entwicklung. Diese eingeborenen und fest eingeprägten Eigenschaften wollen wir mit dem Wort beharrlich bezeichnen. Sehr im Gegensatz hierzu sind die Eigenschaften, die ein Mensch als seelisch gebundenes Teil oder Teilorgan eines Großorganismus zeigt. Bei jedem Wechsel der Zugehörigkeit ändern sich seine diesbezüglichen Eigenschaften. Daher können wir alle Eigenschaften, die der Mensch als Kompositionsteil in Großorganismen zu erkennen gibt, mit dem Wort flüchtig bezeichnen. Die beharrlichen Eigenschaften dürfen bei einer Charakterologie sich niemals widersprechen. Dagegen widersprechen sich die flüchtigen Eigenschaften ebenso häufig wie die Aufgaben in verschiedenen Großorganismen.

Brevier für Könige

Der Mensch im König ist im allgemeinen nur der Teil einer Massenseele, und deshalb lassen ihn einzelgängerisch philosophische Theorien zumeist unbefriedigt.

Brevier für Könige

Man muß die echten Intellektuellen von der geistig entmündigten und individuell unselbständigen Masse unterscheiden. Das Wort Masse ist dabei völlig unabhängig von sozialen Abstufungen.

Größeres Vaterland

Geistige Leistungen sind überhaupt niemals Ergebnisse des paritätischen Nachdenkens größerer Menschengruppen, sondern sie treten nur im Gefolge von einzelnen starken Persönlichkeiten auf.

Markentechnik

Alle Menschen, denen ich begegne, können Spiegelbilder meiner eigenen Wesenhaftigkeit abgeben und infolgedessen geeignet sein, mich selbst zu erforschen.

Seele des Staates

PRINZ FRIEDRICH CHRISTIAN
HERZOG ZU SACHSEN, MARKGRAF VON MEISSEN

München 9- Wolkensteinstrasse 1o- den 21. 12. 1956.

Lieber, verehrter Herr Domizlaff !

Für den überaus sinnigen Gruss zu Weihnachten u. Neujahr vielen, herzlichen Dank. Wieviel Heimatliebe u. echte Würde spricht doch aus den tiefempfundenen Begleitworten, die so mancher Landsmann lesen sollte, der sich aus allem Naturgegebenen herausgelebt hat.

Weihnachten mit einer so weiblich feinen Gattin u so sympathischen Kindern muss für Sie eine wahre Freude sein. Geniessen Sie unbeschwert von Sorgen aller Art diesen einmaligen Festtag der Familie. Das wünscht Ihnen beiden von Herzen

Ihr
aufrichtig ergebener

Friedrich Christian Markgraf
v. Meissen

Weihnachten 1956

Die Reihe der realen Lebewesen ist nicht mit den Pflanzen, Tieren und Menschen erschöpft, sondern es gibt noch eine gleichgroße Welt, die von Überlebewesen bevölkert wird, die allen Lebensbedingungen entsprechen: von Ideenorganismen.

Analogik

Jede Idee, jeder Gedanke und auch das geringste Aufflackern einer Vorstellung, das sich im Gedächtnis wiederholt, strebt nach Selbstgeltung und beeinträchtigt die Unabhängigkeit des menschlichen Denkvermögens. Das ist das Gesetz vom Eigenleben aller Erzeugnisse des Denkapparates. Ideen sind Lebewesen, auch wenn sie in ihren Anfängen nicht ohne weiteres sichtbar sind. Pflanzen, Tiere und Menschen sind körperlich und deutlich voneinander getrennt. Ideen sind anscheinend unkörperlich und außerdem reichen sie wie Gespenster aus Lichtstrahlen ineinander.

Analogik

Ein Fabrikant verfolgt zum Beispiel zur Vergrößerung seines Auslebensbereiches eine neue Fabrikationsidee. Er opfert ihr seinen ganzen Interessenskreis und arbeitet fast nur noch für ihre Verwirklichung. An Symptomen kann man jedoch bald erkennen, daß sein Einfall als Werkidee allmählich wichtiger wird als das persönliche Wohlergehen ihres Erzeugers. Die echte Ideenherrschaft zeigt sich darin, daß das Werk seinen unmittelbaren materiellen Zweck verliert. Selbst bei Verlusten opfert der Fabrikant bequemes Dasein und Ersparnisse. Eine neue Phase der Entwicklung der Werkidee tritt ein, wenn nach geraumer Zeit und bei ausreichender Größe der Fabrikant einen zuverlässigen Stab von Mitarbeitern mit dem Gefühl lebenslanger Zugehörigkeit verpflichtet hat. Die Selbstherrlichkeit der Werkidee wächst, wenn die Treueverpflichtung der Angestellten zur Opferbereitschaft wird. Die Werkidee ist nun von ihrem Erzeuger unabhängig geworden. Familien, Söhne, Nachfolger werden von ihr eingefangen. Ein, zwei und mehr Generationen können mit Scharen von Mitarbeitern von dem Werk aufgefressen, ausgesaugt und als toter oder doch aufgezehrter Verdauungsrest abgestoßen worden sein. Dezernatskämpfe im Inneren, organhafte Spannungen untereinander von den kleinsten massenhaften Zellen als Grundbestandteile bis zu den Direktoren und Generaldirektoren hinaus mögen die innere Lebendigkeit des ganzen Großorganismus erhalten. Solange der Gründungssinn und das Auslebensziel der Werkidee noch Lebensraum und Freßmaterial findet, bleibt auch die Natur des eroberungssüchtigen erbarmungslosen Raubtieres erkennbar. Erst wenn die innere Kraft der Idee erschöpft ist, die nicht nach menschlichen Lebenszeiten gemessen wird, sondern unvergleichlich langdauernder sein kann, treten Verfallserscheinungen auf.

Analogik

Der Herrschaftsanspruch von Ideenorganismen bleibt in den meisten Fällen auf den Gedankenraum eines einzelnen Menschen beschränkt. Er ist eine private Angelegenheit und für die Sinnesorgane anderer Menschen nicht unmittelbar begreiflich. Das tritt erst ein, wenn die Idee nicht nur einen Menschen beherrscht, sondern eine Mehrzahl von Menschen. Sie ist dann nicht mehr an ein Individuum gebunden, sondern nun auch in der Welt des Körperlichen als selbständiges aus Menschen zusammengesetztes Lebewesen nachweisbar.

Analogik

Die mathematische Begriffswelt ist an sich leblos. Sie siebt alle Wirklichkeitsbilder nach starren Gesetzen aus und entzieht ihnen das Leben, um totes Wissensmaterial zu sammeln und das Instrumentarium der Kritik zu vermehren. Ganz anders aber verhält es sich mit der Idee der Mathematik. Die mathematische Denkweise ist eine vom Denkapparat erzeugte Idee, die alle Merkmale das Lebens trägt. Sie sucht alle Nachbargedanken zu unterwerfen, zu vernichten oder sich einzuverleiben. Wie ein großes Raubtier lauert die mathematische Idee auf jeden neuen Gedanken, der in ihren selbstherrlich beanspruchten großen Geltungsbereich eindringt, um sich sofort auf ihn zu stürzen. Sie läßt nicht eher Ruhe, bis das Freßobjekt so weit deformiert und ausgeschlachtet ist, daß es ihrer Machtfülle dienen und verschlungen werden kann. Taucht jedoch ein Gedanke auf, der ihr Freßvermögen übersteigt, dann beginnt ein wütender Kampf um die Vorherrschaft. Tatsächlich beherrscht heute die mathematische Idee eine ganze Epoche. Erst wenn das Raubtier gealtert sein wird und damit der bei seiner Erzeugung in der Entwicklungsanlage mitgebrachte Vorrat ursprünglicher Kräfte sich aufgezehrt hat, wird das technische Zeitalter Ermüdungserscheinungen zeigen und die Welt durch neue Ideen regiert werden. Vielleicht kommt dann wieder einmal die Empfänglichkeit für Offenbarungen der Kunst zur Geltung.

Analogik

Die Herrschaft und Raubtierartigkeit von Ideen ist unbestreitbar.

Analogik

Durchschnittlich ist der Mensch, seiner Mittelstellung entsprechend, nur zu einem bestimmten Teil als selbständiges Lebewesen anzusprechen: Zum anderen Teil ist er mehr oder weniger körperlich und geistig entmündigt, bis er als Bestandteil der größten Organismen im Grenzbezirk der Lebensebene von dem Verlust des letzten Restes denkerischer und körperlicher Unabhängigkeit bedroht ist. Für diese machtvollen Gebilde benutze ich die Bezeichnung Großorganismen.

Analogik

Aus der Teilangehörigkeit zu Gruppierungen stofflicher, zeitlicher und anderer Art setzt sich der Mensch zusammen, setzen sich alle Gebilde zusammen. Alle Eigenschaften des Menschen außer denjenigen, die durch das Selbständigkeitsbestreben des Menschen als Gebilde hervorgerufen werden und Folgen der

Einflüsse des unmittelbaren Urdranges sind, werden durch die Rhythmen ergeben, für die der Mensch Material ist.

Bekenntnisse eines Malers

Jedermann ist mehr oder weniger nicht allein eine Einzelpersönlichkeit, sondern zugleich ein Teil von Massenwesen und Großorganismen vielfacher Art, beginnend mit der unlösbaren allmenschlichen Gemeinschaft, dann den heimatlichen, beruflichen und musischen Gruppengebilden bis zur engsten Familie. Dieser Einteilung unterliegt jede Individualpsyche, und der Versuch, die jeweilig persönlich vorgezeichneten Anteile an Gemeinschaftsverpflichtungen unter das zulässige Maß hinabzudrücken, bringt sehr ernste Gefahren für die geistige Existenz und vor allem auch für die körperliche Gesundheit. Leider wissen das nur sehr wenige Menschen.

Religiöse Phänomene

Das Individuum steht an der Spitze der Entwicklung. Es ist Caesar oder König in seinem Bereich. Auf der einen Seite reicht die Tierwelt in großen Stufen bis zum rein Pflanzlichen hinab. Auf der anderen Seite reichen die Großorganismen auf ganz ähnliche Stufen bis zur allgemeinen Massenhaftigkeit des ungeistigen Lebens zurück.

Brevier für Könige

Wie sehr zutreffend und gültig diese Lehre und Theorie über den Großorganismus innerhalb der Politik und Wirtschaft für die Jetztzeit ist, zeigt sich darin, daß das Manuskript dieses »Brevier für Könige« seit 1942 in der Schublade des Autors schlummern mußte, ehe es 1950 veröffentlicht werden konnte.

In: Der Paternoster

Die Geburt des denkselbständigen Menschen beginnt mit der Einsicht, daß er nicht nur der Schicksalhaftigkeit seiner Umwelt, sondern auch in seinen geistigen Einfallsmöglichkeiten der Willkür unbekannter Mächte ausgeliefert ist.

Seele des Staates

Wirkliche Kunstwerke als deutliche Spiegelbilder der Weltschöpfung vollbringt überhaupt nur das Individuum. Die Großorganismen der Staaten, Völker und großen Gemeinschaften, soweit sie echte Lebewesen mit allen Zugehörigkeitserscheinungen von Menschen bilden, können wohl Reaktionen auf Erfahrungen zeigen, aber bestimmt nicht mehr, als es von der Mehrzahl der höheren Tiere erwartet werden darf.

Brevier für Könige

Es gehört zu den unentrinnbaren Grundlagen der Schöpfung, daß individualistisches Denken und individualistische Ethik niemals mit den von triebhaften Großorganismen ausgelösten Anschauungen in Übereinstimmung gebracht werden können.

Seele des Staates

Die einseitig qualitative Pflege des Menschenmaterials geschieht durch eine Art Ausleseprozeß, welcher Großorganismus auch dafür zeitweilig zuständig sein mag. Es ist bemerkenswert, daß jede geistige Übersteigerung, jedes Höchstmaß individueller Denkfähigkeit und kosmopolitischer Objektivität, das dem körperlichen Bestand eines Großorganismus nachteilig sein könnte, durch Trennung der Lust von der Zweckerfüllung die Fortpflanzung solcher Außenseiter züchterisch verhindert. Damit wird erreicht, daß die Fähigkeit, sich großorganistischen Verpflichtungen durch Denkselbständigkeit zu entziehen, möglichst wenig vererbt wird, und daß geistige Höhepunkte nur in spontaner Einmaligkeit vorkommen.

Analogik

Die Vernunft wird von einem Großorganismus immer als Feind empfunden und jeder Einbruch wird instinktsicher abgewehrt.

Analogik

Würde Sokrates in einer Ehe mit seinem hochgeistigen Zuhörerkreis einen Großorganismus gezeugt haben, so wäre dieser bereits an Mangel der Massenhaftigkeit hochgeistiger Menschen frühzeitig zugrunde gegangen. Er blieb daher in seiner seelischen und über das rein Vernunftgemäße hinausgehenden ethischen

Zeugungskraft auf die Befruchtung weniger Individuen beschränkt, ohne einen lebendigen Organismus entstehen zu lassen. Dagegen konnte der christliche Großorganismus schon frühzeitig nahezu unbeschränkt menschliches Gestaltungsmaterial finden. Die Menschen, die als Mutterschoß dienten, entsprechen einem massenhaft vorkommenden Menschentyp. Eine Begrenztheit nach unten war kaum vorstellbar, und folgerichtig schuf der Großorganismus sofort eine Eroberungsplanung auf die Armen und Unterdrückten, die ihm eine leicht erreichbare, innerlich zusagende und praktisch unbeschränkt vorhandene Ernährungsmöglichkeit sicherten.

Analogik

Vergleichsweise müßten wir die uns übergeordneten Lebewesen genau so verwaschen sehen wie ein Hund uns zu erkennen vermag.

Analogik

Die Grundlage des menschlichen Daseins ist die Unklarheit, Unehrlichkeit, Schläue und ein heimlicher Trotz, um sich zwischen den Großorganismen und ihren Ansprüchen hindurchzuwinden und genügend Nahrung für eigene Entwicklungen zu erlangen.

Psychische Grundgesetze

Das gespensterhafte Durcheinanderleben unterschiedlichster Großorganismen gestattet den egoistischen Trieben der Individuen fast immer ein privates Dasein.

Analogik

Im allgemeinen ist die Gefahr der Abtötung des Eigenlebens der Menschen durch die ihnen übergeordneten Großorganismen nicht sehr groß, denn das gespensterhafte Durcheinanderleben unterschiedlichster Großorganismen gestattet den egozentrischen Trieben der Individuen fast immer ein privates Dasein. Nur wenn ganz gewaltige Gebilde politisch-religiöser Art über alle innere Maßsetzung mit totalen Zielen hinausstreben, kommt es vor, daß sich der Machttrieb bis in das Selbstmörderische hinein steigert. Das sind Symptome für Katastrophen.

Analogik

Das Besondere an den triebbestimmenden Großorganismen des Geschlechtes, der Rasse, und der Menschlichkeit ist das Fehlen eines Nachweises ihrer Geburt. Vielleicht kann man bei einem dynastischen Bewußtsein noch von einem Gründer der Firma, der Familie sprechen, der einen Familienstolz und damit das Gefühl eines Zusammenhaltes verursacht hat. Doch bei dem Rassebewußtsein und bei allgemeinen Menschheitsbelangen hört auch diese Erklärungsmöglichkeit auf, so daß man von Urlebewesen sprechen muß.

Analogik

Die Treue ist ein lebendes Wesen und zeigt in der Entwicklung dieselben Raubtierinstinkte wie der Urmensch als Bild eines gewissen selbständigen Gebildes: so daß der Begriff Treue in seiner zunehmenden Entwicklung Menschen morden kann, bis der Begriff mehr und mehr seine Materie verliert, indem er durch sie hindurchgeht.

Bekenntnisse eines Malers

Vom Standpunkt der Individualisten sind alle eingefangenen Menschen als geistig gestört oder verdummt anzusehen. Vom naturwissenschaftlichen Standpunkt der großorganistischen Forschung jedoch ist die Ordnung des Raubtierkörpers und seiner geistigen Verfassung höchst sinnvoll, so daß der Massenpsychologe genau zwischen dem gesunden Lebenszustand einerseits und körperlichen oder geistigen Störungen andererseits unterscheiden kann. Denn es gibt normale Großorganismen und es gibt krankhafte.

Analogik

Alle Tugenden sind Erziehungsergebnisse oder Kennzeichen der Einordnung in Großorganismen.

Ich unterscheide drei Typen menschlicher Kompositionsmaterialien für Großorganismen. Der erste Typ ist schwierig, aber zuverlässig, der zweite Typ ist leicht zu gewinnen, aber treulos. Zwischen beiden steckt ein dritter Typ: der Mensch mit starkem Eigenleben, aber großer Elastizität. Die drei Typen kennzeichnen drei Gruppen von Eigenschaften, die von Menschen innerhalb der Großorganismen gezeigt werden können. Der erste Typ ist fester geformt und wehrt sich gegen jeden Wechsel. Es fällt ihm sehr schwer, sich neu ausprägen zu lassen, und er neigt stets dazu, den alten Zustand zu verteidigen. Er ist der eigentliche Organtyp der Großorganismen. Der zweite Typ ist der Massenmensch ohne starken Trieb zu einem Eigenleben. Er übersteht ohne nennenswerten Schaden den Verlust des Großorganismus mit Hilfe des Einbaus in irgendeinen anderen gleichwertigen. Dazu kommt der Zwischentyp Nr. 3. Er bringt seine Sonderinteressen mit den Interessen des Großorganismus durch große Elastizität in Einklang. Aber: Elastisch ist nicht amorph! Typ 1 ist der gute Beamtentyp. Ich nenne ihn Berater der Könige oder Platoniker. Typ 2 ist der charakter- und gestaltlose Massenmensch. Den dritten Typ nenne ich Machiavellist. Ein König kann nicht auf machiavellistische Mitarbeiter verzichten, denn sie sind bequem, lebensklug, nüchtern, und finden sich mühelos mit einer Veränderung der Verhältnisse, auch der Stil- und Moralbegriffe zurecht, wenn der König sie für opportun hält. Die drei Typen veranschaulichen theoretische Extreme, deren praktische Beispiele sich auf den Übergangslinien zwischen 1 und 2, sowie zwischen 2 und 3, aber niemals zwischen 1 und 3 aufreihen lassen.

Brevier für Könige

Dem Weisen wird die Gegenwart versagt, und alle Kräfte drängen danach, den von ihm hervorgebrachten Ideenorganismus durch Neuzeugung und Fortpflanzung zu erhalten. Das scheint immer der Ausweg zu sein, den ein Gedanke sucht. Vielleicht sind alle Großorganismen nur Gedanken, die zu kräftig sind, um unterzugehen, die aber nicht als Ideenorganismen im Lebensraum des Erzeugers zur Auswirkung kommen konnten. Die Religionsstifter Jesus und Konfuzius bezeugen es.

Analogik

Die Mittelstellung des Menschen wird durch nichts so sehr verdeutlicht, wie durch sein Vorrecht, die Spiegelbilder seiner Phantasie zum Selbstzweck werden lassen zu können.

Analogik

The book »Analogik« ist a comprehensive philosophy based on two fundamental notions. The first is that of a collective or large-scale organism. The second is an epistemological one. All reality is both phenomenon and cause. As phenomenon it is known by the understanding. Causes in themselves, as distinguished from phenomenons, which are their manifestations, cannot be known. But the knower, who is himself not mere phenomenon but a cause of source of origination, can maintain an organic relation towards them.

In: Rider's Review

Der großorganistische Triebanlaß zur Entmündigung ist immer die Ursache und nicht die Folge der Verkündigung seiner Theorie, und er kann ohne andere äußere Gewalt als eine allgemeine Stimmung wirken.

Analogik

Alle Kultur ist individualistisch, aber sie erwächst nur im Schatten der großen Raubtiere.

Analogik

Nur wenige Denker haben ihren einsamen Weg zu einer echten Gottesgewißheit illustrieren können. Es gibt keinen rationalen und logisch unangreifbaren, in jeder Sprache allgemeingültigen Gottesbeweis, ebensowenig wie die Wiederholung einer schöpferischen Individualität. Für seine tiefsten seelischen Bezirke hat jedermann seine eigenen Antennen, und wenn auch die Sendungen des tranzendenten Schöpfertums in allen Wellenlängen erfolgen können, so sind doch die Empfangsapparate sehr persönlich ~~subjektiv~~ abgestimmt.

Eine der großen tragischen Gestalten der Religionsgeschichte ist Martin Luther. Er hat in einer Zeit, in der die klerikale Denkehrlichkeit nahezu ausgestorben war, verzweifelt nach einer echten Gotteserkenntnis gesucht, sogar in ~~der naiven Hoffnung, durch Selbstkasteiungen~~ die allmenschlichen Hindernisse einer seelischen Befreiung überwinden zu können. Darüber, ob es ihm ~~gelungen sei, hat er~~ ~~zu Gewissheit zu erlangen, hat er~~ ~~sich~~ bis zu seinem Lebensende niemals befriedigend ~~geäußert~~. Er beharrte auf dem ~~Wortlaut~~ der Bibel und ~~ihrer~~ Kommentare ~~, also auf den~~ ihm vertrauenswürdig erscheinenden kirchlichen Autoritäten. ~~Ob sein justifizierter Glaube~~ ihn ~~innerlich~~ wirklich von Zweifeln erlöste, kann kaum unterstellt werden. ~~denn~~ Anders läßt sich die Beibehaltung so ~~vieler~~ paradoxer ~~Einschaltungen~~ aus ~~klerikalen Frühzeiten~~ nicht erklären. ~~die Schon Erasmus von Rotterdam, der eigentliche reformatorische Initiator, verspottet hatte, und Auch seine~~ letzten Lebensjahre lassen ~~ein~~ wenig an innerer und äußerer Harmonie der Jenseits-Gewißheit ~~vermissen~~.

Infolge des Urtriebes alles Lebens droht auch den Grossorganismen die Gefahr, dem Selbstzweck und damit einer Triebhaftigkeit zu verfallen.

~~Auch die Großorganismen entarten dem Urtrieb aller Lebewesen zufolge sehr häufig zum Selbstzweck wie tierische Lebewesen, und somit kommen auch die Kirchen~~ in immer neuen Variationen zu einem ~~ungeistigen kollektiven~~ Eigenleben mit ~~seelischen Zerstörungen~~.

Kein ~~Verstand kann~~ an dieser Tragik etwas ändern, ~~es sei denn,~~ sodaß ~~man mit der Unentbehrlichkeit~~ kämpferischer ~~Reformationen rechnen lernt~~.

Die Gegenwart bietet hierfür harte Beispiele. Die unaufhaltsamen Verluste an Gläubigen haben zwar vielen ~~in allen~~ klerikalen Kreisen ~~mehr und mehr die Hoffnung verlieren~~ lassen, jemals wieder ein allgemeines Ver-

Aus dem 65-seitigen »metaphorischen Testament« Hans Domizlaffs

Gut und Böse, moralisch und unmoralisch sind keine absoluten Begriffe, sondern sie sind von den Großorganismen selbst nach Maßstäben der Zweckerfüllung bestimmt worden.

Analogik

Alle Eigenschaften und jede Handlung eines Menschen, die dem Lebenstrieb des Großorganismus entspricht und ihn in seiner Entwicklung weiter bringt, gilt als »moralisch«. Alles Gegenteilige ist »unmoralisch«.

Psychische Grundgesetze

Die menschlichen Gemeinschaften drücken den Egoismus ihrer Mitglieder auf das für den Bestand der Gemeinschaft notwendige Mindestmaß herunter. So entstand die Gemeinschaftsmoral.

Brevier für Könige

Alle ursprüngliche Ethik entsteht durch Selbstkritik des individuellen Triebdaseins.

Psychische Grundgesetze

 Das Königtum ist ein Sinnbild der höchsten Machtentfaltung auf dieser Erde. Demzufolge befaßt sich das Brevier ausschließlich mit den geistigen Hilfsmitteln zur Erlangung irdischer Erfolge an Geld und Gut, an Ruhm und allen Arten der Erfüllung Deines Geltungstriebes, so daß Du vergeblich nach der geringsten Spur einer Ethik darin suchen wirst. Mache mir deshalb keinen Vorwurf.

Brevier für Könige

Altruistische Anschauungen innerhalb des ureigensten Betätigungsgebietes widersprechen der Natur des absolutistischen Königtums vollständig. Es ist sehr wohl denkbar, daß ein Unternehmer den Kunstgriff sozialen Interesses wählt, um ein festes Bindemittel für seinen Gemeinschaftsbau zu finden. Es ist auch denkbar, daß ein erfolgreicher und müde gewordener Unternehmer Sozialismus aus Liebhaberei betreibt, wie es Rockefeller, Carnegie usw. getan haben. Es ist aber nicht denkbar, daß der Trieb zur Menschheitsbeglückung ausreicht, um den Kampf mit egozentrischen Gegenkönigen aufzunehmen.

Unternehmertum

Menschliche Ethik ist nicht schöpferisch gestaltend oder aufbauend, sondern korrigierend. Ein Menschenfreund kann helfen, bestehende Unzulänglichkeiten auszuschalten, und er kann die Härten des Daseins für seine Mitmenschen zu mildern suchen, aber er vermag keinen leeren Raum auszufüllen. Er ist wie ein Arzt, der Krankheiten zu heilen bemüht ist. Seine Arbeit hat die Voraussetzung, daß es Krankheiten gibt, die als Rasse unsterblich sind.

Unternehmertum

Mit einiger Gewaltsamkeit werden die verschiedenen zweckethischen Forderungen so zurechtgestutzt, daß sie dem Ideal eines harmonisch-organischen Strukturgebäudes näherkommen und die Hoffnung erwecken, eine für alle Großorganismen mögliche Anwendbarkeit zu finden. Dies Ziel ist selbstverständlich unmöglich. Eine allgemeine Zweckethik ist undenkbar, denn sie widerspräche dem Eigenleben auf allen Stufen der Organismen und Kompositionselemente.

Analogik

Die durch Zweckethik den Menschen eingeflößten Eigenschaften sind: opferwillig, gutmütig, treu, stilvoll und ähnliche altruistische Attribute. Alle diese Bezeichnungen sind jedoch stets ausschließlich innerhalb der Gemeinschaften benutzbar.

Analogik

Das Wort »menschlich« hat durch den Beitrag vieler humanistischer Denker allmählich eine ethische Einfärbung erhalten. Der Großorganismus der Menschheit hat jedoch genau solche zweckethischen Raubtiereigenschaften wie jede Komposition aus lebendigen Teilen. Das Tierreich und Pflanzenreich gelten beispielsweise als rücksichtslos auszunutzende Vorräte der Ernährung, bei denen der Raubbau aus Gründen der taktischen Klugheit zugunsten einer systematischen Ausbeutung überall nur da aufgegeben wurde, wo es der Wettkampf auf einer engen Ernährungsbasis unvermeidlich machte.

Analogik

Die Großorganismen haben ihre eigene Logik, ihre eigene Moral und ganz andere Ziele wie die einzelnen Menschen.

Psychische Grundgesetze

Der Großorganismus fordert von mir eine Haltung, die eine harmonisch-organische Zielsetzung der Kompositionsgemeinschaft ermöglicht.

Psychische Grundgesetze

Ethische Grundsätze richten sich naturnotwendig möglichst gleichförmig an alle Menschen. Damit zeigt sich die beschränkte Anwendbarkeit aller Ethik auf das organische Leben.

Psychische Grundgesetze

Es ist dem Menschen durchaus unmöglich, in dem vollen theoretisch geforderten Maße die ethischen Verpflichtungen zu erfüllen, denn diese setzen eine leblose Konstruktion als Vorbild.

Psychische Grundgesetze

Die Komposition der ethischen Idee als ein fast unstoffliches Denkprodukt ist aus dem praktischen Denken herausgehoben.

Man kann nicht danach handeln, aber man kann die Komposition im Einklang mit dem reinen Urtrieb genießen.

Psychische Grundgesetze

Bei der Odol-Marke und der damit aufgebauten Mund-Hygiene wurde für die öffentliche Meinung ein echtes Markenmotiv mit einem wertvollen Anteil an Ethik verspürbar. Darauf reagiert der Markt stets besonders dankbar.

Vorschläge

Die moralische Anerkennung der Könige wird nur vom Erfolg bestimmt.

Brevier für Könige

Es kommt in der Praxis der großen Gemeinschaften nicht auf den Begriff der Gewissenhaftigkeit an, sondern weit mehr auf eine automatenhafte Zugehörigkeit und damit eine Verläßlichkeit, die grundsätzlich jede kritische Betrachtung ausschaltet.

Vorsicht Dämonen

Die Natur gestattet keine ideale Lösung totalen Friedens, auch nicht beim besten Willen höchster Ethik.

Erste Schritte

Sobald die Einigkeit im Glauben an den transzendenten Ursprung eines moralischen Regulativs verlorengeht, tritt das Chaos ein.

Testament

Nur auf die echten Intellektuellen aller Länder kommt es an, und an sie richte ich meinen Ruf: Vereinigt Euch als die Mitglieder einer Gemeinschaft des Geistes und bildet ein ewiges Vaterland als Pioniere der Menschheit. Schafft bedingungslos für Euer Gemeinschaftsleben den Begriff der politischen Staatsangehörigkeit ab. Gebt den Kaisern, was den Kaisern zukommt, um den Verpflichtungen Eurer materiellen Staatszugehörigkeit zu genügen, aber gebt der Menschheit die Vorurteilslosigkeit einindividualistischen Denkens! Nicht Völker und Staaten, nur einzelne Menschen sind schöpferische Ebenbilder Gottes.

Größeres Vaterland

Das Ziel ist die Entpolitisierung der Erde.

Vorsicht Dämonen

Der echte Intellektuelle ist nicht staatsbildend, sondern immer überstaatlich und nur einer allgültigen Formel des Menschentums verpflichtet.

Größeres Vaterland

Eine Wahrheit kann niemals deutsch, englisch oder russisch, sondern nur international sein.

Größeres Vaterland

Es gibt eine eigensüchtige kaufmännische Moral, die nur der echte Kaufmann einhalten und vor einem Abgleiten in das Verbrecherische bewahren kann.

Größeres Vaterland

Auch heute kommt es noch bei einzelnen Wirtschaftskönigen vor, daß ihre Gewissenlosigkeit sie anscheinend straffrei bleiben läßt. In der Gegenwart ist es jedoch schon außerordentlich schwer, sich den Einflüssen der kulturellen Gewissensethik gänzlich zu entziehen, so daß man bei den meisten Beispielen der großen Erfolgsleute mit Symptomen seelischer Unordnung, dem plötzlichen Versagen der geistigen Kräfte und einem vergleichsweise tragischen Ende als Regel rechnen kann. Eine solche verhängnisvolle seelische Not mit allen Folgen geistiger Verarmung und der Direktionslosigkeit des körperlichen Zellenstaates ist das Schicksal der verlorenen Gotteserkenntnis, wie sie uns einstmals mit der Menschwerdung zuteil wurde.

Religiöse Phänomene

Der Direktionssinn eines Großorganismus verlangt die totale
 Inanspruchnahme der Moral, die mit uneingeschränkter Einsei-

tigkeit nur nach den brutalen Entwicklungsinteressen des Raubtieres ausgerichtet ist. Moralisch gut ist alles, was dem Großorganismus dient, moralisch schlecht ist bedingungslos alles, was den Triebzielen widerspricht. Jede absolute Ethik ist Verrat an der sogenannten gemeinsamen Sache. Im Namen des Großorganismus darf jeder Untertan töten, rauben, brennen, quälen, lügen, betrügen und fremde Heiligtümer entweihen, soweit dies nicht anderweitig verhindert wird.

Analogik

Die übliche Moral, die sich je nach der Macht des vorherrschenden Großorganismus dem Bewußtsein der eingeordneten Menschen eingeprägt hat, ist stets von dem nackten Egoismus des stilbestimmenden Lebewesen höherer Ordnung abhängig und niemals absolut oder individualistisch vertretbar. Die außerordentliche Mannigfaltigkeit der Sitten und individuellen Freiheiten, die die verschiedenen Großorganismen ihren Bestandteilen zuweisen, lassen erkennen, daß jede Moral zweckbedingt ist.

Analogik

Die Voraussetzung jeder Ethik, gleichgültig in welcher Form, ist die Fähigkeit des Menschen, seinen Egoismus weit genug zu überwinden, um sich einer übergeordneten Aufgabe vorbehaltlos verpflichtet zu fühlen.

Seele des Staates

Mit materiellen Erfolgen und den Triumphen der Eitelkeit ist die breite Straße zum Untergang gepflastert.

Seele des Staates

Die demokratischen Theoretiker behaupten zwar, daß die Bürgertugenden keine Ideologie benötigen, sondern daß eine Erziehung zur Ethik ausreicht. Doch der fundamentale Irrtum beruht in der unhaltbaren Annahme, daß ein genügender Prozentsatz der Menschen moralphilosophisch denkfähig und erziehbar sei.

Seele des Staates

Demokratische Experimente können stets nur so lange fortgesetzt werden, bis sie die aus einer vorangegangenen natürlichen Staatsideologie übernommenen Moralbegriffe aufgezehrt haben. Der Verlust staatsmoralischen Stils ist die Folge demokratischer Glaubenslosigkeit.

Seele des Staates

Wenn ein Kind einer Fliege die Flügel ausreißt, so fügt es der Fliege ganz gewiß keinen Schmerz zu, aber – und das hebt die Tierschutzfrage auf ein sehr viel höheres Niveau der Menschheitshoffnungen – das Kind schädigt seine Seele. Wer Tiere nach menschlichen Begriffen grausam behandelt, tut dies entweder aus Absicht, Schmerz zu verursachen und daran Vergnügen zu haben, oder aus Gleichgültigkeit und Gedankenlosigkeit mit den fast gleich verhängnisvollen Folgen. Hier beginnt das eigentliche Problem.

Seele des Staates

Die Massenpsyche zeigt einen gewissen Instinkt dafür, ob eine echte Leidenschaft und die persönliche Überzeugung einer inneren Berufenheit hinter der Staatsrepräsentation steht, wie es z.B. bei Adolf Hitler unzweifelhaft der Fall war. Sie hat aber kein Verständnis für Kants kategorischen Imperativ und eine davon abgeleitete Ethik, und sie verträgt auch nicht den Humor eines weltweisen Philosophen, sobald es sich um seelische Lebensfragen, wie Religion und Vaterland, handelt. Das ist nicht einmal eine Besonderheit des deutschen Volkes, sondern charakterisiert jeden Großorganismus, und daraus erklären sich die Verführungskräfte der Cromwell, Robespierre, Mussolini und Hitler.

Es geht um Deutschland

Die Fahrtensegelei ist das Schönste, was sich die Menschheit für ihre Feiertage erfand. Kein Ergeiz nach außen, kein Hervortunwollen beeinträchtigt die tiefe Ethik der großen Liebe zur See und zur Seemannschaft.

 Dirk III

Ethik wirkt wie ein Hormon, sowohl im Leben des einzelnen wie im Dasein der Gemeinschaften. Sie ist ein Wirkstoff, dessen Herkommen unbekannt ist. Man weiß nur, daß mit seinem ersten spurenhaften Auftreten die Fähigkeiten des Menschen für schöpferische Leistungen sichtbar wurden und daß ohne Ethik der Mensch im Tierischen befangen, also geistig unproduktiv bleibt. Ich will Ihnen das mit sehr einfachen Bildern erklären: Die Ethik beginnt überall da, wo die reine Eigensucht aufhört und der Mensch etwas um einer Sache selbst willen zu tun bemüht ist; wenn er also nicht nur unmittelbar an seinen Vorteil denkt oder wenn er für ein ideelles Ziel zu persönlichen Opfern bereit ist.

Ethik im Werbefach

Nur im Affekt ist es uns gegeben, dem Unrecht zu wehren und der Gerechtigkeit zu dienen.

In einem Brief an Judith Lessing

Die Moral mordet weiter.

Es geht um Deutschland

An Hans Domizlaff ist vieles ungewöhnlich.

In: Frankfurter Allgemeine Zeitung

Mit großer Wahrscheinlichkeit ist anzunehmen, daß die Primitivität blutiger Kriege bald ausgeschaltet werden wird, aber nicht durch Sicherung eines dauernden Friedens und durch eine nationalitätslose allmenschliche Gemeinschaft, sondern nur durch Veredelung der Wettbewerbsmethoden.

Seele des Staates

Wehe, wenn ein Volk glauben machen will, daß die von ihm hervorgebrachten Kulturwerte einen ausschließlich ihm selbst nützlichen Zweck zu erfüllen haben und beispielsweise das Wachstum fördern sollen. Niemals ist ein Volk oder eine Staatsidee der Endzweck des menschlichen Daseins, sondern der letzte Daseinszweck jedes Volkes ist die Organaufgabe im Großorganismus Menschheit durch die Ausentwicklung von geistig hochstehenden Menschen und ihren Kulturbeiträgen. Ein zielstrebiger Kulturpatriotismus läßt die Blüten und gleicherweise auch den Baum verkümmern, der sein Lebensziel im Rahmen einer umfassenderen Lebensgemeinschaft verkennt und an seinem Selbstzweck festhält.

Analogik

Es gibt und gab zu allen Zeiten völkische Ideen, die so sinnlos ungezügelt Selbstzweck wurden, daß sie in geradezu selbstmörderischer Triebherrlichkeit allen eingebauten Individuen fürchterliches Unglück brachten und durch die Vernichtung des individuellen und organhaften Teillebens nach einem vergleichsweise kurzfristigen Aufflackern mit der Substanz ihr eigenes Dasein verloren.

Analogik

Die sozialistischen Ideen der Volkstribunen sind schöpferische Ursachen neuer Kausalketten gewesen. Darüber besteht kein Zweifel, denn sonst wären sie ohne Einfluß geblieben. Aber sie verfielen mangels fortlaufender schöpferischer Direktionen einem ungeistigen Automatismus, der zum Sozialisierungstod führt.

Brevier für Könige

Auch die Gemeinschaften unterliegen Naturgesetzen, und es ist falsch, die massenpsychologischen Lebensbedingungen zu mißachten und für Gemeinschaften ein naturfremdes Schema vorzuschreiben.

Analogik

Kein Volk vermag im Olymp zu leben. Kehrt es nicht rechtzeitig zur Erde zurück, so erleidet es den Kulturtod.

Unternehmertum

Alles, was die Logik an Bildern zuläßt, ist leblos. Warum ist die Logik in der schöpferischen Gegenwart unbrauchbar oder doch höchst unselbständig und unzureichend? Warum strebt sie dagegen in der Vergangenheit eine absolute Herrschaft an? Die Logik und ihre mathematischen Erfindungen in der exakten Wissenschaft, die in der Gegenwart nur die bescheidene Rolle von unfruchtbaren Kriterien spielen, erreichen dagegen in der Geschichte und in der nichtaktuellen Problematik einen Vorrang, der jeder nachweisbaren Wirklichkeit widerspricht. Der Grund liegt darin, daß es überhaupt nur eine gegenwärtige Wirklichkeit gibt. Die Vergangenheit ist eine Annahme, eine Erfindung des Menschen, und deshalb lassen sich die von Menschen erfundenen Anschauungen der Mathematik dort sehr viel leichter zur Anwendung bringen.

Analogik

So zeigt sich bei allen theoretischen Betrachtungen, die der »Analogik« ihre Grundlagen geben, eine stets enge Verbindung mit praktischen Einsichten des psychologischen und soziologischen Lebens. Diese Einheit der Darstellung wird dadurch noch erhöht, daß die erkenntnistheoretisch-ontologischen Begründungen nur angedeutet sind und auf Literaturhinweise oder historische Anknüpfungen im philosophischen Denken verzichtet wird. Der Verfasser will, wie er ausdrücklich betont, Anregungen geben. Die geistesgeschichtliche Tradition, die ihn in erster Linie bei Hobbes, Leibniz, Fichte, Schopenhauer und Le Bon anknüpfen läßt, und zur modernen Struktur- und Ganzheitsauffassung führt, ist klar erkennbar. Ein Vergleich der beiden vorliegenden Arbeiten miteinander zeigt, daß der bewußte, in der zweiten Auflage noch stärker durchgeführte Verzicht auf die explizite Herausschälung dieser Tradition dem Buche einen eigenen Reiz von Ursprünglichkeit verliehen und seinen praktischen Wert erhöht hat. Wollte man freilich die eigentlich philosophischen Grundlagen und Konsequenzen des hochinteressanten Werkes voll ausschöpfen und mit den gegenwärtigen Anschauungen konfrontieren, so würde dies noch einer weitgehenden, gewiß lohnenden philosophiegeschichtlichen wie systematischen Durcharbeit bedürfen, die weit über den Rahmen einer Besprechung hinausgeht.

In: Zeitschrift für philosophische Forschung

Die Deutung von Ursachen und Wirkungen hängt immer von der unfreiwilligen Gegenwartsgebundenheit des Historikers ab, der sich mit seinen Bemühungen um Objektivität in die Gefahr begibt, eine unkontrollierte Subjektivität zum Selbstbetrug werden zu lassen. Die Gegenwart ist real, aber nur wenige Forscher bemühen sich um sie. Das Material der Vergangenheit ist willfähriger und leichter knetbar. Leider haben Forschungsergebnisse, die durch ihre Strukturschönheit und Deckungskraft mit reinen Denkvorstellungen aufleuchten, wenig Bedeutung für die Gegenwart. Das hat zu der ungeheuerlichen Zeitfremdheit der Wissenschaft geführt, die nicht einmal in aktuellen Problemen der Volkswirtschaft, der Soziologie usw. praktisch produktiv geworden ist. Nirgends konnte die Wissenschaft Ansprüche auf einen dirigierenden Einfluß stellen, um Menschen und Völker zu einer günstigeren Gruppierung und Aufteilung im Raum anzuleiten, und daran ist die mathematische Objektivität schuld.

Analogik

Wenn man in hundert Jahren die Geschichte der Gegenwart lesen könnte, dann würde man mit Überraschung feststellen, daß nicht nur einzelne Caesaren und Könige folgerichtig dachten und handelten, sondern daß auch die Massen aus vernünftigen Menschen bestanden haben und wie Vernunftwesen beurteilt werden dürfen. Der Widerspruch kommt einfach daher, daß die Geschichtschreiber die Ereignisse mit Vernünftigkeit deuten wollen, und daß gerade derjenige Chronist den Vorrang gewinnt, der einen sinnvoll erscheinenden Zusammenhang folgerichtiger Handlungen erfunden und dargestellt hat. Die Chronisten sind Individuen, und sie durchforschen die Geschichte mit der Voraussetzung individualistischer Vernünftigkeit. Dadurch entstehen völlig falsche Bilder, die dann in der deutlichen Gegenwart keinerlei Analogien finden lassen und damit das typische Gefühl der Minderwertigkeit und Unzulänglichkeit des Zeitgenossen gegenüber den Heroen der Vergangenheit erklären.

Brevier für Könige

Die Geschichtsschreiber verfälschen zumeist die Vorgänge, um ihre Logik zu retten.

Sozialisierungstod

Ursprüngliche Beobachtungsergebnisse sind die ewige Voraussetzung für schöpferische Erkenntnisse.

Schulreform

Es ist für Gedankengebäude der Weltverbesserung sehr typisch, daß darin mit rechnerischen Größen operiert wird, die eben nur erdacht, aber in der Natur nicht vorhanden sind. Der Glaube an die Verwirklichung reiner Vernunftgebilde bedeutet eine völlige Verkennung ihrer Realität und einen verhängnisvollen Mißbrauch der Vernunft. Die Schaffung von Gemeinschaften ist ausschließlich der schöpferischen Dämonie vorbehalten, die sich selbst lebt und für die alle Vernunft nur als Mittel zur Bereinigung und Verdeutlichung einen Zweck hat, ebenso wie ein Gärtner einen Baum pflegen, aber nicht konstruieren und die tote Konstruktion zum Leben erwecken kann.

Analogik

Intellektuelle Revolutionen begehen den Unsinn, die Blüten und Knospen eines staatlichen Organismus' von dem Stamm und seinem Wurzelwerk befreien zu wollen, weil sie das für ein lästiges, nutzloses und monströses Beiwerk halten.

Seele des Staates

Viele moderne Revolutionen werden durch Vernunftschlüsse charakterisiert, durch die eine naturhaft unvernünftige Entwicklung ersetzt werden soll. Sie hatten nur Unmenschlichkeiten zur Folge.

Analogik

Die Handlung führt in jene Spartakistentage,
Als man den Fluch der Führungslosigkeit entdeckt.
In dieser Not begann die sehnsuchtsvolle Klage.
Vor dem novemberschweren Zeitprospekt
Erwächst erneut die schwere Schicksalsfrage:
Wann wird im Geistigen das Königtum entdeckt?

Idealisten

Der zweite Weltkrieg hat mit seinen Folgen erneut gewaltige Veränderungen gebracht, die zwar dem Studium, aber nicht der produktiven Arbeitsweise eines Massenpsychologen günstig waren. Das königliche Unternehmertum mit seinen langfristigen Qualitätsverpflichtungen wurde weitgehend von einem wechselhaften Managertum mit kurzfristigen Realisierungen stilloser Geldgewinne abgelöst. Die hohe Kunst des Aufbaues eines dauerwertig tragfähigen Goodwill der öffentlichen Meinung findet nur noch selten Interesse.

 Testament

Die Lebensdauer von Bäumen, Menschen und Völkern wird nicht durch Blüten und Früchte gesteigert, sondern ausschließlich durch die Wurzeln.

Analogik

Die vernünftlerischen Unzufriedenheit über die biologisch bestimmenten Abgrenzungen (zum Beispiel durch Rangordnungen) nimmt bei kulturellen Auflockerungen ihrer animalischen Tradition regelmäßig zu.

Testament

Das moralische Dilemma der Gegenwart und das Versagen aller Bemühungen der letzten Jahrhunderte um Erweckung eines ethisch dauerhaften Gemeinschaftsgeistes ist auf die Zersplitterung und seelische Versumpfung der legitimierten Religionen zurückzuführen.

Testament

Stärker noch klagt der Manager-Verächter Hans Domizlaff über den Verfall ehrbarer kaufmännischer Sitten. Für ihn waren die früheren Unternehmer »zwar auch Raubtiere, aber Gentlemen«.

In: Capital

Vielfach hört man die Meinung vertreten, unsere Zeit sei ein Wendepunkt in der Geschichte der Menschheit, und wir müßten uns damit abfinden, alle Erfahrungen der Vergangenheit wertlos geworden zu sehen. Dieser Irrtum tritt periodisch auf und beweist nur die stereotype Selbstüberschätzung der Gegenwart. Die Welt gehorcht seit ihrem Bestehen bestimmten Naturgesetzen, und sie wird auch weiterhin in alle Zukunft diesen Gesetzen unterliegen.

Sozialisierungstod

Die abendländischen Hochkulturen bestehen ausnahmslos aus Rassengemischen, und keine unter ihnen hat bereits in der Antike in der gleichen Zusammensetzung existiert.

Testament

Überhaupt liegt der soziologische Fortschritt der Menschheit nicht in Wesensänderungen, sondern in Wesenssicherungen.

Seele des Staates

Aller Anfang ist einmalig.

Psychische Grundgesetze

Dr. THOMAS DEHLER

BONN, 11.6.1955
Bundeshaus

Herrn
Hans D o m i z l a f f

H a m b u r g - Großflottbeck
Elb-Chaussee 191

Sehr geehrter Herr Domizlaff!

Seit langem habe ich den Wunsch, mit Ihnen die Dinge der Zeit zu besprechen.

Ich wäre Ihnen dankbar, wenn ich Sie gelegentlich in Hamburg aufsuchen dürfte. Ich darf Ihnen versichern, daß ich Ihnen in Bonn jederzeit gerne zur Verfügung stehe.

Mit freundlichen Grüßen
Ihr sehr ergebener

Dr. Thomas Dehler, Vorsitzender der FDP

Welcher heute amtierende Minister hat wohl noch Marc Aurel gelesen?

Imaginäre Vorträge

Völker sterben nicht so schnell, aber sie können wahnsinnig werden, und das ist immer das Zeichen einer falschen Behandlungsweise durch aufgezwungene sachunkundige Gewalthaber.

Es geht um Deutschland

Der unbedingte Vorrang des Staates kennzeichnet eine frühe Entwicklungsstufe der Menschheit. Die Auflockerung des Zwanges läßt eine zunehmende Reife sichtbar werden. Der nächste Schritt würde zu einem Vorrang des Menschlichen gegenüber den jeweiligen Staatsinteressen führen, und das Ziel ist in ferner Zukunft das Verschwinden aller staatlichen Organismen. Das ist jedoch erst dann vorstellbar, wenn die Menschen sittlich so weit ausgereift und geistig so selbständig geworden sind, daß die Alleinherrschaft einer individual-menschlichen Moral zur Organisierung der Lebensgemeinschaft genügt.

Drachensaat

Die am meisten entwickelten Organismen zeigen eine größere Anziehungskraft und damit gelegentlich eine wirksamere Herrschaft als stofflich wesentlich größere Organismen, die noch in dem Anfangszustand eines losen Zusammenhanges aller Teilorganismen beharren. Der Staatsorganismus hat den Vorrang vor dem Familienegoismus, weil er größer und kompositionsreicher ist. Der Menschheitsgedanke ist dagegen wirkungsschwächer und seine Anziehungskraft ist geringer, obwohl er weit mehr Masse besitzt als der Staatsgedanke, und zwar nur, weil er noch wenig durchorganisiert ist.

Analogik

Gelingt es eines Tages, die bürgerlichen Gesetze so engmaschig zu weben, daß sie keine Abweichung durchlassen – ein Idealzustand, der noch in sehr weiter Ferne liegt – dann ist die Rasse der Unternehmer zum Aussterben verurteilt. Mit ihrer Idealform würde die menschliche Gesellschaft allerdings ihre Entwicklungsfähigkeit verlieren.

Unternehmertum

Nachdem bereits in der Deutschen Demokratischen Republik die Arbeiter ihr Schicksal selbst in die Hand genommen haben und die Sozialisierung auf den westdeutschen Arbeiter einen suggestiven Eindruck nicht verfehlt, kommen die Domizlaff-Pläne aus der sicherlich echten Sorge um den zukünftigen Einfluß des Privatkapitals. Seine Rechnung wird nicht aufgehen.

In: Die Weltbühne

So läuft das Problem immer wieder auf die stereotype Grundforderung hinaus, nämlich auf die Konstituierung eines von einzelnen wirtschaftlichen Interessen völlig unabhängigen Staatsregimentes, das Gut und Böse abzuwägen vermag.

Erste Schritte

Leider glauben die meisten Menschen, daß eine Gemeinschaft lediglich eine Art Organisation bedingt, die zu errechnen nur deshalb schwierig sei, weil die persönlichen Interessen aller Beteiligten dauernd neue Konflikte verursachen. Dieser Glaube wird dadurch verstärkt, daß zahlreiche Gründungen von Arbeitsgemeinschaften in Form von Unternehmungen mit wirtschaftlichen Zielstellungen nachweislich rein organisatorisch erfolgen. Ein Staat jedoch ist eine Volksgemeinschaft oder eine Gemeinschaft von Völkern, und ein Volk ist noch niemals künstlich geschaffen worden.

Seele des Staates

Das Kernproblem der staatsorganischen Vorbildlichkeit verlangt keine Besten-Auslese nach schöpferischer Begabung und nach unternehmerischen Energien, sondern nach gemeinschaftsethischen Gesichtspunkten. Bei dem Fehlen von Vorbildern der staatlichen Tradition sucht das Volk zur Befriedigung seines Fetischtriebes nach einem Ersatz, doch die aufgreifbaren Symbole nationaler Eitelkeiten haben keinen selbständigen Dauerwert. Die Volksmassen, die heute eine siegreiche Fußballmannschaft mit einem Sturm der Begeisterung feiern, morgen einem Filmliebling Ovationen darbringen und übermorgen ein ungewöhnliches Interesse für die Hochzeit eines Prinzen zeigen, erleben mit diesen Vorstellungen einer höheren Welt nur flüchtige Sensationen und niemals den verpflichtenden Antrieb zur eigenen Persönlichkeitssteigerung, die zur Verstärkung eines selbsterzieherischen Gemeinschaftsbewußtseins beitragen könnte, eben weil das ethische Motiv fehlt, das allein einen zeitlos lebensspendenden Wert fühlbar machen kann.

Seele des Staates

Es ist von der Natur so eingerichtet, daß kein Einzelwesen seine Willkür in einer von ihm nicht ursprünglich geschaffenen Gemeinschaft zum Gesetz machen darf.

Seele des Staates

Die theoretische Demokratie, wie sie in allen propagierten Idealisierungen abgebildet wird, ist lebensunfähig. Sie ist stets das Ende einer Gestaltungsperiode und der chaotische Anfang eines neuen, regelmäßig verschärft autoritären Staates, sofern der Zerfall der menschlichen Kompositionsteile nicht so gründlich ist, daß nur das Aufgehen in einem Erobererstaat übrig bleibt. Der Gebrauch des Wortes Demokratie auf moderne Nationen darf nicht über die Wahrheit hinwegtäuschen. Schon allein die heutige Vielartigkeit demokratischer Verwirklichungen läßt vermuten,

 daß es sich um Überblendungen geheimer Autokratien oder Oligarchien handelt, die das traditionelle Gefüge noch einigermaßen zusammenhalten.

Sozialisierungstod

Jeder demokratische Staatsführer kann bestätigen, daß er 90% seiner Zeit und Kraft dazu benötigt, um seinen Wählern zu gefallen, sie in guter Laune zu halten und seine persönlichen Interessen zu wahren. Der Rest dient bestenfalls dem Wohle des Ganzen.

Sozialisierungstod

Ein Bauer baut seinen Wald für Enkel und Urenkel auf, um den Bestand der Hofgemeinschaft zu sichern. Er handelt dabei nach seinem eigenen Wissen und Gewissen. Ein demokratischer Staatsmann ist niemals in der Lage, weitsichtig zu planen. In einem demokratischen Staat wird allmählich das ganze Dasein von kurzfristigen Planungen beherrscht.

Seele des Staates

Demokratisierende Regierungsformen unterscheiden sich von monarchischen, aristokratischen oder sonstigen ausgeprägten Strukturen nicht etwa durch ein Höchstmaß an Gleichheit, Brüderlichkeit und Freiheit, sondern nur durch ihre größere Undurchsichtigkeit privategoistischer Interessen, durch größere Verschleierung der Verantwortung und den Zwang zur Hintertreppenbenutzung.

Seele des Staates

In einem natürlichen Organismus, zum Beispiel einem privatwirtschaftlichen Unternehmen, ist die Führung das Beharrende, wohingegen die Ausführungsorgane auswechselbar sind, ohne notwendigerweise auch die Existenz des Ganzen zu gefährden. In einem demokratischen Staat soll es umgekehrt möglich sein können. Der Beamtenapparat gilt als das Beharrende, wohingegen die Führung, zumeist sogar kurzfristig, wandelbar gedacht wird.

Seele des Staates

Ein stetiger Fortschritt in Richtung des entwicklungstheoretisch fernen Zieles einer idealen Demokratie kann nur in dem Fall erwartet werden, daß die bisher noch kleine Zahl denkselbständiger Idealisten zunimmt und einen maßgebenden Einfluß auf die ethische Durchdringung des Volkes gewinnt.

Seele des Staates

Ich bekenne, daß es mich mit tiefer Befriedigung erfüllt, mein Vaterland in einem Staatsoberhaupt weithin begreifbar zu wissen, auf das ich rechtschaffen stolz sein kann. Es darf kein Schattenkönig sein und kein auf Repräsentation beschränkter Präsident, sondern ein weiser Vater, der hoch über all dem politischen und privatwirtschaftlichen Gezänk seiner Landeskinder steht und nur dann eingreift – dann aber autoritativ und unnachsichtig –, wenn der Zank Formen annimmt, die den Forderungen der Staatsethik widersprechen und die Seele des Staates gefährden.

Seele des Staates

Das Anlehnungsbedürfnis der Volksmassen ist ungeheuer, und eine einfache Popularität oder ein Bekanntsein genügen oft, um trotz aller Fachfremdheit (siehe Hindenburg, Eckener, Ludendorff usw.) als Kandidat einige Aussicht zu haben.

Sozialisierungstod

Alle Menschen haben Anspruch auf die gleichen Schutzrechte gegen Willkür und Ausbeutung, aber die Direktionsbefugnisse müssen unter den Interessengruppen nach Stilsicherheit, Können und Gemeinschaftsidealismus abgestuft werden.

Imaginäre Vorträge

Volksherrschaft heißt Selbstbeherrschung des Volkes, und das ist utopisch.

Seele des Staates

Nach den in demokratischen Anschauungen geltenden Grundsätzen sind alle Menschen Einzelwesen mit individueller Verantwortung. In Wirklichkeit ist das unmöglich, und zwar nicht nur,

LOWELL HOUSE E.11
CAMBRIDGE 38, MASSACHUSETTS

d. 2. 5. 1948

Sehr geehrter Herr Domizlaff:

Es hat mich sehr gefreut, von Ihnen nach fuenfzehn Jahren wieder zu hoeren. Ich erinnere mich der Unterhaltung sehr gut im Hause von Dr. Etscheit, der ,wie Sie vielleicht wissen, leider im Jahre 1943 im Buchenwald von den Nazis zu Tode gefoltert wurde. Ich habe oefters in den Jahren vor dem Kriege hier in den Vortraegen auf anderen Universitaeten auf Ihre ausgezeichneten Untersuchungen ueber Propaganda aufmerksam gemacht. Leider war Ihr Buch nirgendwo zu haben. Ich selbst habe keines meiner Buecher aus Deutschland retten koennen. Sie waren der einzige, der die Prinzipien einer modernen politischen Propaganda in allen ihren Folgerungen ,lange bevor Goebbels es lernte, erkannt hat. Ich habe immer bedauert, dass ich Sie nicht vor der Hindenburgwahl kannte, denn die Wahlpropaganda des Hindenburgausschusses war etwas ,was mir unendlich viel Kopfzerbrechen bereitet hat, zumal ich als Laie xndiesen Dingen von Haus aus nichts verstand. Ich konnte damals nur feststellen, wenn ich jeden Tag zwanzig Minuten durch die Strassen von Berlin fuhr, dass die Plakate fuer Hindenburg von Mitgliedern der Preussischen Akademie der Kuenste gemacht oder zum mindesten von ihnen gebilligt worden waren,so wie es die buerokratische Hierarchie erforderte; die Nazis hatten junge, noch unbekannte Kuenstler zum grossen Teil, die aber voll neuer Ideen waren, und die von Goebbels entdeckt und sehr stark gefoerdert wurden. Man wuerde Hitler unrecht tun, wenn man nicht anerkennen wuerde, dass er fuer diese Dinge eine angeborene Begabung und ein aussergewoehnliches Verstaendnis fuer massenpsychologische Notwendigkeiten einer neuen Propagandamethode hatte.

Es hat mich sehr interessiert, was Sie ueber die neue Polaritaet schreiben. Sie haben vollkommen Recht. Die Siegel,d.h. die Westmaechte, begenen den Methoden des Ostens ungefaehr in derselben Weise, wie es trotz meiner Warnungen die Innenminister der deutschen Laender in den Jahren 31 und 32 gegenueber den Nazis taten.

Ich habe mich besonders gefreut ueber Ihren Satz:" Die Seele des Volkes ist unveraendert, aber durch die Not bedingte Demoralisierung verschuettet und ......" Aber mein Glaube an das deutsche Volk ist in dem vergangenen Jahrzehnt eher gestiegen als gesunken. Man muss Alles relativ sehen, wenn man eine gewisse Zeitspanne und das Verhalten der Voelker in ihr beobachtet und beurteilt. Was sind dreissig Jahre in einer tausendjaehrigen Geschichte! Heute muessen Frankreich und England den Inhalt der Notverordnung von 1930 schon in Gesetzen verkuenden. Wenn ich noch drei Jahre erlebe, so habe ich auch noch die Aussicht, die Wiederholung der vierten Notverordnung vom Dezember 1931 in einer Reihe von ausserdeutschen Laendern zu beobachten. Ich habe sogar gewagt, dieses genau vor zwei Jahren Herrn Stassen in einer geladenen Gesellschaft zu verkuenden. Wer im Auslande lebt und scharf sieht, ist optimistischer in Bezug auf Deutschland als wie die in Deutschland Wohnenden. Darum komme ich nicht zu den gleichen Ergebnissen wie Sie in Ihrer ausserordentlich interessanten und fascinierenden Schrift. Das soll keine Kritik sein, nur eine Ankuendigung dass es mir eine grosse Freude sein wuerde, Ihre Gesichtspunkte persoenlich mit Ihnen zu besprechen, in einer Weise, zu der sich heute noch nicht der Briefverkehr eignet. Sobald ich Erlaubnis zu einem Besuch nach Deutschland bekomme, werde ich Sie benachrichtigen. Sollte diese Erlaubnis nicht kommen, so werden Sie das schon aus den Zeitungen hoeren. In diesem Falle wuerde ich mich freuen, mit Ihnen in weiterem brieflichen Gedankenaustausch zu bleiben.

Gruessen Sie bitte Herrn v. Keudell und sagen Sie ihm, wir muessten jetzt Alle an die zweite Generation nach uns denken.

Mit allen guten Wuenschen

Ihr H. Brüning

Lieber Domi: Ich moechte diesen Brief nicht abgehen lassen, den ich schrieb, ohne Ihnen nach so vielen, vielen Jahren des Nichtsehens auch viele Grüsse zu schicken. Rose Thesing weil jedermann zur Hauptsache ein Produkt aus seiner Umgebung und seiner Abstammung sein muß, sondern weil er gleichzeitig auch immer zur Untertänigkeit im Organismus seiner Familie, seiner heimatlichen Gemeinschaften und seines Volkes geformt wird.

Seele des Staates

Sehr geehrter Herr Domizlaff,
Ich freue mich, daß Sie grundsätzlich eine Tätigkeit für Unternehmerverbände und anti-gewerkschaftliche Parteiorganisationen abgelehnt haben. Bei solchen Unternehmungen kommt nichts anderes heraus als weitere Unruhe und Unsicherheit im politischen Leben.

Aus dem Briefwechsel mit Reichskanzler a.D. H. Brüning

Mehrheitsbeschlüsse sind, mit seltenen Ausnahmen, kunstfeindlich, und deshalb kann kein demokratischer Staat die Willkür des subjektiven Kunstinstinktes ersetzen.

Seele des Staates

Wie könnte man es totalitären Staaten begreiflich machen, daß es nützlicher ist, die eigensüchtigen Impulse der Untertanen durch sinnvolle Lenkung für die Gemeinschaft verwertbar zu machen, statt sie durch übermäßige Einengung zu entkräften?

Seele des Staates

Für alle wahren Idealisten ist es eine verführerische wohltuende Beschäftigung, sich Reformen auszudenken, die das Leben auf Erden erfreulicher und vor allem friedlicher machen können. Aber solche frei schwebenden Wunschträume blockieren das produktive Denkvermögen und verhindern durch ihre Beziehungslosigkeit zum Triebleben die Aufmerksamkeit auf das notwendig stufenweise Wachstum des Gestaltungsmaterials. Nur wenn man von greifbaren und gesicherten Gegebenheiten ausgeht und an einer vorhandenen Lebendigkeit wie an einem veredelungsfähigen Naturmaterial modelliert, besteht einige Aussicht, die Menschheit durch Kunstwerke zu bereichern und über die Phase der Daseinssicherung hinaus zu einer fortschrittlich empfundenen Evolution beizutragen.

Es geht um Deutschland

Eine Reform, die keinen Stachel zur Erweckung persönlicher Antriebskräfte enthält, ist verderblich, so ideal sie auch in der Theorie sein mag.

Es geht um Deutschland

Könige im idealen Sinne sind keine Erzeuger ihres Reiches, sondern Betreuer seelischer Belange.

Es geht um Deutschland

Keine Diktatur und vor allem auch keine demokratische Macht kann den Ersatz psychischer Herrschaftsmittel durch Staatsmaschinen auf die Dauer aushalten; denn diese vernichten zuerst die hochwertigen Kräfte geistigen und schöpferischen Eigenlebens, um dann ihrerseits dem Rest verbrecherisch geschulter Energien zum Opfer zu fallen, sei es durch Verseuchung oder durch Demagogie.

Es geht um Deutschland

Der Druck der öffentlichen Meinung kann stärker als alle physische Gewalt einer Staatsregierung werden.

Seele des Staates

Will man eine Liste aufstellen, die die verhängnisvollsten Versündigungen an der Menschheit dem Chor der Rache empfiehlt, so wird sich auf ihr kein echter Herrscher befinden, mag er auch noch so grausam gewesen sein, sondern die volle Wucht des Urteils der Geschichte wird alle diejenigen treffen, die ihre Begabung für Überredungsmittel dazu benutzen, den Volksmassen das Recht auf Selbstbestimmung und Souveränität einzureden. Es waren keine monarchischen Institutionen, die Christus und Sokrates ermordet haben, sondern die Dummheit der demagogisch verführten Massen. Pilatus wusch seine Hände öffentlich von aller Verantwortung frei, und sogar ein verbrecherischer

König wie Herodes schreckte vor dem Gedanken zurück, auch nur einen für ihn so unbedeutenden Mann wie Johannes den Täufer umbringen zu lassen, weil er ihn für unschuldig hielt. Es sind immer Volksmassen, die die größten Unmenschlichkeiten begehen und von denen Christus sagen mußte: Sie wissen nicht, was sie tun. Jeder, der die Menschenseele kennt, weiß, daß eine Masse keine Schuld trägt, denn sie rinnt wie Wasser durch die Hände, ohne daß die Tropfen einen Namen tragen, und sie gehorcht nur dem jeweiligen Gefälle. Fluch aber denen, die durch Vorspiegelung falscher Bilder von einer allgemeinen Denkbefähigung den demokratischen Wahn verursacht haben, der dem Massengefälle eine geistige Auslegung und eine sakrosankte Entscheidungsbefugnis zuweist. Sie sind es, die mit ihrer dialektischen Eitelkeit schuld daran sind, daß heute täglich Christus und Sokrates gemordet werden und daß die zumeist führerlosen Massen selbst in einem Meer von Blut unterzugehen drohen.

Es geht um Deutschland

Es muß wiederholt werden, daß keine staatliche Organisation Bestand und inneres Leben erfahren kann, wenn sie nicht zu einem staatlichen Organismus wird.

Es geht um Deutschland

Abb.: Architekturstudie für den Festsaal eines Kulturzentrums

Das königliche Handwerk der seelischen Volksbeeinflussung darf nicht mit der Propagandatechnik moderner Demagogen verwechselt werden.

Seele des Staates

Ohne ein greifbares Symbol bleibt der Volkskörper leblos.

Drachensaat

Selbstkritik und Stilkunde sind die wichtigsten Themen eines staatsethischen Regelbuches.

Seele des Staates

Worauf es ankommt, ist die zuverlässige Verbindung zwischen dem Oberhaupt und seinem Volk, aber nicht etwa im Sinne einer äußerlichen Volksnähe, einer Anpassung an das Niveau der Volksmassen oder im Stil eines Mannes aus dem Volk, sondern ganz im Gegenteil als ein Führungsorgan, das seine Sonderbedeutung nachdrücklich verspürbar macht.

Seele des Staates

Gewalt ist stets die Krücke der geistig unzulänglichen Staatsmänner gewesen.

 Es geht um Deutschland

Noch niemals ist es einem Menschen auf Erden gelungen, eine Führerstellung zu behaupten, die er vom Stilbereich seines Elternhauses nicht mehr umspannen konnte.

Seele des Staates

Dabei muß man sehr deutlich zwischen einem schöpferischen Führertum und dem normalen Direktionssinn unterscheiden. Der Erzeuger eines Großorganismus, der im Staatsleben etwa mit einem Reichsgründer zu vergleichen ist, verfügt über Fähigkeiten, deren Wurzeln in einer schöpferisch gesteigerten Individualität liegen und daher niemals vererbbar sind. Ganz anders verhält sich die Sache, wenn es sich um ein Königtum in der Art einer Führungstradition mit einer organhaften Teilkomposition von vielen Menschen handelt aus der sich die führenden Männer in mehrfachen Abstufungen rekrutieren. Eine solche Institution ist keineswegs individualistisch. Der Herrscher mag nach außen hin noch so unabhängig erscheinen, er ist doch nur ein entmündigtes Organ des Großorganismus.

Analogik

Ein außerhalb solcher Großorganismen stehender Mensch wird alle Äußerungen, Verlautbarungen und Argumente ihres Daseinszweckes hoffnungslos töricht empfinden. Die eigensüchtig geplanten Propagandafeldzüge zeugen von einem ununterbietbaren geistigen Tiefstand, und es erscheint ihm rätselhaft, wie es überhaupt Menschen geben kann, die durch solche Ungereimtheiten und widerspruchsvollen Sinnlosigkeiten inhaltsloser Wortklänge beeinflußt oder gefesselt werden können.

Analogik

Das Prinzip der seelischen Betreuung eines Volkes ist mit dem Ziel der praktischen Machtergreifung unvereinbar.

Seele des Staates

Bei der heutigen Größe der Volksgemeinschaften ist es einem einzelnen Menschen selbst unter günstigsten Voraussetzungen nicht möglich, den reinen Stil einer echten Gemeinschaftsethik wirksam zur Geltung zu bringen. Er wird sich immer gezwungen fühlen, die zwielichtige Technik der Machtgewinnung zu Hilfe zu nehmen. Dadurch gerät er in eine verhängnisvolle Kausalkette schwerer innerer Widersprüche, so daß er früher oder später unaufhaltsam die Instinktsicherheit für den rechten Weg verliert.

Seele des Staates

Das Höchstmaß an Intelligenz hat niemals die Führung. Sollte sich ein geistig überragender Mensch berufen fühlen, an der Spitze eines Großorganismus zu stehen, so zerfällt entweder der Großorganismus, oder der Mensch geht zu grunde.

Analogik

Glaubt man wirklich, daß die Würdelosigkeit der Parlamente des demokratischen Deutschland mit ihrer Musterkollektion an geistig unbedeutenden Redemaschinen und parteigebundenen Stimmautomaten das Vertrauen des Volkes erweckt?

Es geht um Deutschland

Einer der größten Fehler des neuen Deutschland war und ist es, daß das neue republikanische Reich keinerlei Formen gefunden hat, um eine volkstümliche Wirkung für sich auszuüben. Was von früher her da war – es war wenig genug – das ist zerbrochen. Kein Symbol wurde geschaffen, es fehlt dem neuen Staat völlig an einem Kennzeichen. Er hat überhaupt keine Formen. Für die psychische Wirkung auf die Masse aber ist die Form mindestens so wichtig wie der Inhalt. Diese Anregungen in Domizlaffs Buch »Propagandamittel der Staatsidee« sind nur Teile aus seiner großen Idee, das Staatsleben für die Masse symbolisch verständlich zu machen und damit für den Staat zu werben.

In: Berliner Morgenpost

Man muß sich unbedingt klar darüber sein, daß Bindungen des Gefühls und überhaupt des Unterbewußtseins, das die geheimnisvollen Lebenskräfte in unserem Tun zur Einwirkung bringt und uns daran hindert, der tödlichen Mechanik des Rationalismus zu unterliegen, ausschließlich durch eine Formsprache erfolgen,

HERMANN ULLSTEIN

BERLIN W. 10
VIKTORIASTR. 34A

27.Januar 1931

Herrn
Hans Domizlaff

Altona - Othmarschen

Flottbeker Chaussee 191

Sehr geehrter Herr Domizlaff !

Haben Sie verbindlichsten Dank für die liebenswürdige Zusendung Ihres neuen Buches, für dessen Inhalt ich mich in der Tat ausserordentlich interessiere.

Unser Tischgespräch in Ihrem Hause habe ich noch gut in Erinnerung und habe Sie öfters zitiert, wenn ich Mitgliedern der Regierung oder Politikern predigte, dass das Deutsche Reich für sich zu wenig zu werben verstünde. Ich machte häufig den Vorschlag, Sie, sehr geehrter Herr Domizlaff, zum Werbeleiter des Deutschen Reiches zu machen, und bin der Ueberzeugung, dass dieses Amt sehr nützlich wäre,und seine richtige Besetzung bewirken würde, dass Regierungsmassnahmen und Gesetzentwürfe, die Flagge des Reiches, die republikanische Staatsform etc. sehr viel populärer werden würden, als es jetzt der Fall ist.

Ob Ihre Entwürfe für eine neue Reichsfahne, die von der Meisterschaft des Urhebers Zeugnis ablegen, den Streit um die Flagge zum Stillstand bringen würden, ist mir deshalb fraglich, weil der Widerstand gegen die schwarz-rot-goldene Fahne seine Ursache nur in dem Umstand hatte, dass man überhaupt eine Änderung vorgenommen hat. Die Farbe schwarz-rot-gold knüpfte ja an eine einwandfreie Tradition an und hätte an sich keinen Hass erzeugen können Sehr wahr erscheint es mir, dass jede Fahne, die in einer Zeit des Unglücks geschaffen wird, auf gleiche Schwierigkeiten stossen muss. Eine Ausnahme bildete vielleicht die französische Trikolore.

Wenn Sie mir erlauben, möchte ich gern Ihre interessante Schrift zum Anlass einer Besprechung auch in der "Neuen Leipziger Zeitung", an der ich mich interessiert habe, machen. Vielleicht könnte die Besprechung Anlass zu konkreten Beispielen für Werbemassnahmen geben und dadurch Ihre Schrift ergänzen ?

Ich wäre Ihnen für freundliche Mitteilung dankbar, ob es Ihnen recht ist, und sende Ihnen einstweilen viele Grüsse, denen sich auch meine Frau bestens anschliesst,

Ihr
sehr ergebener

Ullstein

Verleger Hermann Ullstein zu Domizlaffs Buch »Propagandamittel der Staatsidee«

die in einer Eigengesetzlichkeit beharrt. Der Urgrund der Formsprache ist die Erkenntnis einer Macht, die letzthin größer ist als alle Vernunft und der gegenüber wir eben unsere Unterworfenheit durch die Formsprache der Andacht deutlich bewußt machen wollen.

Es geht um Deutschland

Die europäische Philosophie kennt keine Formgläubigkeit.

Es geht um Deutschland

Es wird nicht leicht sein, in der parlamentarischen Volksvertretung ein Stilbewußtsein mit dem Bedürfnis nach Selbstdisziplin und Würde zu erwecken, aber es sollte in geeigneter Weise versucht werden, weil dies die Freude an der vaterländischen Zugehörigkeit außerordentlich zu steigern vermag.

Seele des Staates

Ein schöpferischer Staatsgründer pflegt ohne Rücksicht auf Alter der Parteizugehörigkeit oder ähnlicher Trägheitsmomente die besten Kräfte auszusuchen und ihnen eine hohe organhafte Selbständigkeit zu gewähren, denn für ihn ist die Zweckmäßigkeit allein entscheidend. Der typische Mikrobenführer dagegen kann sich noch so despotisch benehmen, er wird stets in innerer Abhängigkeit von einer mehr zufälligen geistig bedeutungslosen und nur destruktiv aktiven Umgebung sein. Sein Pathos und sein zeitbedingtes Glück dürfen nicht darüber hinwegtäuschen, daß weder Genie noch Schöpferkraft die Ursache seiner konjunkturellen Erfolge sind. Er stellt kein Egozentrum, sondern nur ein Massenzentrum dar. Nicht hat er die Masse der Mikroben geschaffen, sondern er ist von ihr geschaffen worden, die er zu beherrschen vorgibt, ohne ihrer Herr werden zu können. Wenn er ein Idealist war, dann muß er zum Gespenst werden, und wenn er eine Rolle spielt, dann muß sie zur Lüge werden. Er ist keine Genialität, sondern die Konjunktur der Masse, die ihn auf große Höhen hinaufträgt, und er ist nie imstande, auch nur die geringste Rückbewegung mit eigener Initiative aufzuhalten. Er kommt und geht mit der Massenhaftigkeit der Mikroben.

 Drachensaat

Der Führungsdilettantismus demokratischer Regierungen wird durch nichts deutlicher gemacht als durch die Verkennung des Wertes verfeinerter Umgangsformen und einer traditionsreichen Symbolik.

Es geht um Deutschland

Der Umstand, daß die heutigen Politiker nichts von Heraldik verstehen, genügt, um eine Bewertung solcher Beeinflussungsmittel grundsätzlich abzulehnen. Könige nahmen ihre Rechtsansprüche an Wappen, Etikette und ähnlichen Formteilen sehr ernst; denn sie waren für ihr Dasein keine Theaterrequisiten, sondern Instrumente eines seelischen Regimentes. Erst der dann zur Herrschaft gekommene Kleinbürger tat sich mit der Entdeckung wichtig, über den Hokus Pokus die Nase rümpfen zu dürfen.

Es geht um Deutschland

Fast die ganze staatliche Graphik, angefangen mit Briefmarken, Steuerzeichen usw. bis zu den repräsentativen Architekturbeispielen, befindet sich nachweislich im Durchschnitt unter dem geschmacklichen Niveau eines mittleren Kaufmannsladen. Das betrifft vor allem auch die Tatsache, daß die massenpsychologische Wucht einer Stileinheit offenbar dort noch gänzlich unbekannt ist.

Es geht um Deutschland

Das Autoritätsgefühl gegenüber der Staatshoheit hängt weitgehend von den Erscheinungsformen ab, mit denen sich die Staatsregierung manifestiert. Hier handelt es sich um nichts anderes als Erfahrungsweisheiten der Wirtschaft.

Es geht um Deutschland

Für die Zugehörigkeit zum Begriff einer Elite ist die herkömmliche soziale Einteilung ziemlich belanglos.

Seele des Staates

Die Stufenleiter gesellschaftlicher Machtstellungen steht in keinem unmittelbaren Zusammenhang mit den Entwicklungsphasen menschlicher Veredelung und Vorbildlichkeit, so wünschenswert das auch sein mag; und nur bei öffentlichen Aufgaben muß man darüber nachdenken, welche Grenzen dem einzelnen zur verantwortlichen Mitarbeit am Staat gezogen sind, um eine Gefährdung seiner Wurzelsicherheit auszuschließen.

Seele des Staates

Es liegt eine gewisse Tragik darin, daß es dem Menschen versagt ist, durch eigene Höchstleistungen aus den unteren Schichten eines Volkes unmittelbar bis zur direktorialen Spitze zu gelangen und dort eine zuverlässige Stilsicherheit zu gewinnen.

Seele des Staates

Die Kunst der Menschenbeherrschung kann nur derjenige einigermaßen gefahrlos ausüben, der entweder in einer festen ethischen Tradition oder in einem religiösen Glauben oder auch in einem gleichzeitig von einem größeren Kollektiv gestützten Missionsbewußtsein verwurzelt ist, also als Glied einer priesterlichen Hierarchie, einer dynastischen Macht, einer aristokratischen Kaste oder einer seelisch gesicherten Elite. Ein einzelner ist hierzu niemals imstande, und Adolf Hitler wurde frühzeitig wurzellos. Ihm fehlten die ethische Denkroutine, jegliche Erziehung zur Machtausübung und die Sicherheit einer stilgleichen Umgebung, die ihm einen festen Halt hätte geben können.

Seele des Staates

Der beste Ersatz für das verlorene Königtum ist die Schaffung eines hoheitlichen Kollegiums staatsethischer Vertrauensträger in der Art eines Kardinalkollegiums, das sich auch auf gleiche Weise durch eigenmächtige Ergänzungen erneuert. Das setzt eine Kaste oder privilegierte Oberschicht voraus, die sich zwar ihrerseits durch geeignete Ausmerzung und Ergänzungen vor Erstarrung und Entkräftung bewahrt, aber als alleiniges Reservoir für die Wahl in das hoheitliche Kollegium eine dem staatsethischen Hütedienst entsprechende Instinktbildung gewährleistet. Die Auf-

Sehr verehrter Herr [illegible]

in angenehmer Erinnerung an Gespräche, die Sie draussen in der Lüneburger Heide nach der Kapitulation mit mir führten, und aus denen ich manche Erkenntnisse für den Aufbau meiner Unternehmungen später nutzbringend verwenden konnte, darf ich Ihnen heute zum 60. Geburtstag meine herzlichsten Glückwünsche in H(hachtung und Verehrung ausdrücken.

Ihr sehr ergebener

Axel Springer

Verleger Axel Springer am 9. Mai 1952

gaben des Kollegiums sind demnach ausschließlich massenpsychologischer Art, lediglich mit einem Eingriffsrecht in das parlamentarisch geleitete Staatsleben überall dort, wo die Staatsmoral nachweisbar verletzt wird, und beispielgebend, wo die Staatsethik in ihren mannigfaltigen Erscheinungsformen das Gemeinschaftsbewußtsein festigt. Welchen wirksamen Titel der Vorsitzende des hoheitlichen Kollegiums tragen könnte, mag dahingestellt bleiben, denn rein äußerlich gesehen handelt es sich nur um die staatsethisch wirksame Auskleidung und hierarchische Fundierung eines auf Lebenszeit gewählten Staatspräsidenten.

Seele des Staates

Ideen kann man nur mit Ideen bekämpfen.

Seele des Staates

Liebe verehrte gnädige Frau,

Um wie vieles habe ich mich selbst gebracht, nicht häufiger die Nähe Ihres Mannes gesucht zu haben.

Aus dem Briefwechsel mit Axel Springer

Sonderbarerweise ist trotz des gewaltig zunehmenden Interesses für methodische Propaganda die Macht des Stiles ziemlich unbekannt geblieben. Das allzu gegenständliche Denken der Staatsmänner sucht heute noch vergeblich ein Fachgebiet zu beherrschen, in dem nur seelische Wägbarkeiten entscheidend sein können.

Stilunsicherheit der Deutschen

Es ist Sache einer klugen Staatsverfassung, für den Bestand von Ausdrucksträgern der Volkseele zu sorgen.

Es geht um Deutschland

Kommt erst einmal die Seele eines Volkes in Ordnung, so ergibt sich alles andere naturhaft von selbst. Das ist keine Utopie, sondern eine jahrtausendealte Weisheit.

 Es geht um Deutschland

Bisher hat noch kein Biologe den Schleier gelüftet, der über dem Geheimnis königlichen Tuns liegt. Wir wissen nur, daß die Völker untergehen, die auf ein Symbol ihrer Seele und auf den Zauber des Weiblichen verzichten zu können glauben.

Es geht um Deutschland

Könige im idealen Sinne sind keine Erzeuger ihres Reiches, sondern Betreuer seelischer Belange. Die ursprüngliche Einheit von Staatsgründer, Direktion und Symbol der Staatsseele spaltet sich im Verlauf einer Dynastie auf.

Es geht um Deutschland

Damit tritt allmählich an Stelle eines Führers als Träger der Staats-Idee ein neuer Träger der Staats-Idee in Wirkung, und zwar: das Symbol des Staates.

Propagandamittel der Staatsidee

Das Buch Domizlaffs »Propagandamittel der Staatsidee« ist bar jeder politischen Tendenz; ja es liegt in seinem Wesen, solche Tendenz geflissentlich zu meiden. Es geht eine republikanische Regierung von heute nicht mehr und nicht weniger an, als es etwa eine monarchische von morgen oder übermorgen anginge.

In: Der Tag

Das Wort: »Fetischtrieb« ist leicht irreführend, da es heidnischen Religionsvorstellungen entnommen ist. Es gibt aber kein Wort, das den eigentümlichen Trieb der Masse besser charakterisiert, wenn man kirchliche Vorstellungen außer acht läßt. Die Masse vermag nur an Dinge zu glauben, die sie mit den primitiven Sinnesorganen wahrnehmen kann; und infolgedessen neigt die Masse dazu, für abstrakte Vorstellungen sich ein sinnlich wahrnehmbares Symbol zu wählen, dem sie diejenige Verehrung zollt, die sie eigentlich dem Abstraktum zugesteht. Diese Eigenschaft und nichts anderes soll das Wort »Fetischtrieb« bezeichnen.

Propagandamittel der Staatsidee

Kriegerische Organe führen leicht zur Lüge, die nur soweit reguliert oder gehemmt werden kann, so weit der Großorganismus in seinem Ausleben durch fest komponierte und widerstandsfähige kleinere Organismen eingeengt wird. Je weniger dies der Fall ist, desto unverschleierter macht sich die intellektfeindliche Tierseele bemerkbar.

Analogik

In Deutschland wäre die Wiedereinführung des Wehrdienstes mit der Waffe keineswegs wünschenswert.

Es geht um Deutschland

Die Frage lautet also nicht, wie kann man die menschlichen und bürgerlichen Tugenden durch Erziehungsmittel einprägen, sondern wie können wir die seelischen Mächte als Erreger produktiver Kräfte erneut auffangen, wie kann man für sie einen willfährigen Resonanzkörper schaffen und Störungen des Verstandes beseitigen?

Es geht um Deutschland

Im Vergleich beispielsweise zu dem tempelschänderischen Treiben der Parlamente beansprucht eine Gerichtssitzung immer noch eine gewisse Würde.

Es geht um Deutschland

Selbst bei der immer wieder betonten Behauptung, daß die von einem Symbolträger ausgestrahlten Kräfte der Gemeinschaftsseele für den Verstand nicht faßbar sind und nur an ihren Erfolgen nachgewiesen werden können, läßt sich ein Phänomen feststellen, das die enge Verknüpfung der Wesensart eines Volkes mit seinem Repräsentanten beweist: Jeder echte und seelisch regierende Staatschef zeigt mit erstaunlicher Schärfe unmittelbar den indizierten Charakter seines Volkes an, ohne daß man zu entscheiden braucht, ob das Volk sich dem Herrscher oder der Herrscher dem Volk anzupassen pflegt, da wahrscheinlich eine Art Wechselwirkung besteht.

 Es geht um Deutschland

Ewig ist nichts, und deshalb muß immer einmal mit dem Zusammenbruch einer Dynastie vorgezeichneter Symbolträger der Gemeinschaftsseele gerechnet werden. Man darf dabei nur nicht vergessen, nach neuen Ausdrucksmitteln zu suchen, und man darf nicht glauben wollen, daß das Versagen einer seelischen Führungsinstitution ihre prinzipielle Überflüssigkeit beweist.

Es geht um Deutschland

Auch in der Außenpolitik darf sich das Direktionsorgan nicht dem Einfluß der Seele und damit dem Wesen des Symbols gänzlich entziehen. Allerdings ist es nicht möglich, für die Sicherung des seelischen Zusammenhanges andere Ratschläge zu geben, als sie sich durch Gesetzlichkeiten der Formsprache ergeben. Ist die königliche Symbolkraft stark, so braucht man auch dann nicht besorgt sein, wenn der Intellekt des Königs nicht über eine allgemeine menschliche Norm hinausgeht.

Es geht um Deutschland

Die Erhaltung der Symbolkraft beruht auf drei Umständen; einmal auf der Willigkeit des Volkes, den Rang des seelischen Symbols anzuerkennen und es oft eigentlich erst dadurch wie eine Sammellinse zum Strahlen zu bringen, zweitens auf der speziellen Zucht und Erziehung des Symbolträgers, woher sich die Vorrechte der ganzen Herkunftsschicht eines mutmaßlichen Thronerben ableiten lassen, und drittens auf der unterschiedlichen Stilbegabung und dem Glück einer besonderen persönlichen Eignung des Menschen. Reicht die Symbolwirkung hinsichtlich der Erfüllung der vorgenannten Umstände nicht aus, so leidet die Gemeinschaft sichtlich an der mangelnden Ausdrucksfähigkeit ihrer Seele.

Es geht um Deutschland

Die Schicksalsgemeinschaft des Deutschen Reiches ist massenpsychologisch trotz der sehr alten Tradition vergleichsweise sehr jung. So hat sie sich seit ihrer Geburtsstunde im Kreise ihrer älteren und ausgereifteren Nachbarvölker mit den kennzeichnenden Jugendmerkmalen des ungehemmten Energieüberschusses unbeliebt gemacht. Spanien, Frankreich, England, Schweden und noch ältere Staatseinheiten durchliefen ihre Perioden expansiven Eifers und gewalttätiger Eroberungssucht schon vor Jahrhunderten, so daß sie in ihrem späteren Entwicklungsstadium der offenbar volksbiologisch unvermeidlich kampflustigen Phase des deutschen Nachkömmlings einen vorzugsweise auf Listigkeit angewiesenen Widerstand entgegensetzten. Damit wiederholte sich der uralte Vorgang des Durchbruchs der Jugend, die sich ihren Geltungsraum gegen das nur noch um Ruhe und Gleichgewicht besorgte Alter zu ertrotzen sucht.

Stilunsicherheit der Deutschen

Nicht die volkscharakteristischen Unterschiede zwischen Bayern und Preußen, Sachsen und Hanseaten, Rheinländern und Mecklenburgern sind entscheidend, sondern der Individualismus des Westens und die starke massenpsychologische Gebundenheit des Ostens bilden Ursachen so vieler Konflikte, die für Deutschland wegen seiner zentralen Lage in Europa besonders verhängnisvoll wurden und gleichzeitig einen Ideenreichtum hervorbrachten, der seit Jahrhunderten das Abendland befruchtete.

 Deutschlands Schicksal ist seit der Verlagerung der aktuellen

Gegenwart aus dem Mittelmeerraum nach dem zentralen Europa immer ein Spiegelbild der prinzipiellen Weltprobleme gewesen.

Drachensaat

Wenn man von Begabungen der einzelnen Völker spricht, dann wird man auch dem deutschen Volk einen großen Anteil an den schöpferischen Großleistungen der Welt zuerkennen, aber in einem Punkte versagt es in einer Weise, die fast unbegreiflich ist, nämlich in dem Gefühl für einen politischen Stil.

Drachensaat

Deutschland hat einen Martin Luther hervorgebracht, der die geistige Grundlage der heute herrschenden Westmächte dem Mittelalter abtrotzte und eine Neuzeit geistiger Freiheit schuf. In Deutschland sind gleichfalls die Ideen geboren, auf denen sich die Staatsanschauungen des großen Ostreiches aufbauen. Mit einer unabsehbaren Reihe revolutionärer Befruchtungen durch Kant und andere philosophische Verwalter des griechischen Erbes, durch Bach und seine dicht bevölkerte Welt, durch Gauß und seinen Geisteskreis und durch das ewig gültige Schöpfertum eines Goethe mit seinen tausendfältigen Spiegelungen hat Deutschland ein Heimatbewußtsein aufgebaut, das alle staatspolitischen Eitelkeiten überdauern wird.

Größeres Vaterland

Was Cromwell, Danton, Lenin und ihresgleichen geleistet haben, das war ihren Völkern zugedacht. Was Kant, Goethe und ihresgleichen geschaffen haben, diente der Menschheit.

Größeres Vaterland

Deutschlands echte Tradition ist nicht politisch, sondern nur geistig revolutionär. Regelmäßig gab es eine Katastrophe, wenn uns der politische Ehrgeiz packte. Unbarmherzig straft das Schicksal jeden Versuch, die eigene Naturhaftigkeit zu vergewaltigen.

Größeres Vaterland

Der europäische Reichsbegriff wäre bei richtiger massenpsychologischer Führung ein Ideal, an dem viele Völker einen psychischen Halt finden würden, um endlich zu gesunden. Es gab einmal ein Heiliges Römisches Reich Deutscher Nation, für dessen moderne Prägung in Deutschland eine helle Begeisterung erweckt werden könnte, auch ohne Soldatenherrlichkeit.

Drachensaat

Alles in Allem: Domizlaffs Werk »Es geht um Deutschland« ist keine romantische Flucht in die Vergangenheit. In seiner Vision läßt er ein vielleicht realisierbares Bild der deutschen Zukunft entstehen, zweifellos hinreißend durch die energievolle Kraft der Schau wie durch die illusionslose Anwendung nüchternster und kältestes Erkenntnisse der massenpsychologischen Naturgesetze.

In: Nordwestdeutscher Rundfunk

Es hat sich doch wohl ziemlich allgemein als unabweisbar herausgestellt, daß die Entwicklung des Geistes und der Wirtschaft größere Räume beansprucht. Die Kleinstaaten sind für moderne Anschauungen zu eng geworden, und möglicherweise erhalten die grauenvollen Ereignisse der letzten dreißig Jahre doch noch einmal einen Sinn als Geburtswehen des künftigen europäischen Großreiches.

Drachensaat

Es unterliegt leider keinem Zweifel, daß der Selbstmord des Abendlandes im dämonischen Bann sozialer Irrlehren eine akute Gefahr geworden ist und daß wenig Aussicht besteht, diesen Wahnsinn durch das intellektuelle Mittel der sachlichen Aufklärung zu heilen.

Es geht um Deutschland

Es ist deshalb dringend notwendig, die Deutschen vor Illusionen der Völkerverbrüderung zu warnen, damit sie an ihrer angestammten Reichsidee als Kristallisationspunkt für vaterländische Gedanken mit allen Kräften festhalten. Der vielseitige Wert eines geeinten Europa braucht nicht bestritten zu werden, aber die Sehnsucht nach einem Vaterland kann nicht durch Konstruktionen der Vernünftigkeit und Nützlichkeit gestillt werden. Geschieht nicht das Wunder einer ideologischen Zeugung und die Geburt eines ganz neuen Begriffes menschlicher Zusammengehörigkeit, wird Europa niemals eine organisch selbständige Einheit werden.

Seele des Staates

Erst das Aufgehen des alten bundesstaatlichen Gedankens in einem konstruktiv gleichartigen Europa würde alle Kräfte zu einer machtvollen Gemeinsamkeit vereinigen und alle schwächenden – sichtbaren und unsichtbaren – Zersplitterungen verhüten.

Größeres Vaterland

Man kann jedes europäische Land danach absuchen, ob das Volk von seiner Regierung beherrscht oder ob die Regierung vom Volk beherrscht wird, und danach sind die Zukunftsaussichten abzuschätzen.

Es geht um Deutschland

Sollte es tatsächlich gelingen, eine höhere Stufe in der politischen Gemeinschaftsbildung zu erreichen und einen europäischen Staatenbund zu sichern, der sich nicht nur mit den materiellen Einheitsmerkmalen gemeinsamer Zoll- und Währungsgrenzen begnügt, sondern alle Selbständigkeiten der Verwaltung, der Justiz, der Armee usw. in einem gewaltigen Verschmelzungsprozeß gegenstandslos macht, so müßte der Vaterlandsbegriff sinngemäß eine neue Ausdehnung erfahren, sei es, daß der alte Reichsgedanke verlorengeht oder die Bezeichnung Reich einen europäischen Charakter annimmt.

Seele des Staates

Eine Möglichkeit wäre das Aufgehen Deutschlands in einem europäischen Staat; doch auch hier entgeht man mit Sicherheit niemals der Problematik der Entwicklungsphasen. Das unter Philipp von Mazedonien geeinte Griechenland konnte niemals aus sich heraus ein echtes politisches Eigenleben gewinnen, und ein Staat Europa, der seine Diskutierbarkeit ausschließlich einer zeitbedingten Notlage verdankt, kann wiederum nur dann zu einem wachstumsfähigen Großorganismus ausreifen, wenn er durch einen königlichen Staatsmann, d.h. durch einen staatstriebhaft potenten Genius, gezeugt und ideologisch beseelt wird. Hierfür besteht wenig Aussicht, und deshalb wird jede europäische Konzeption ebenso wie der Völkerbund eine homunkulushafte Notgeburt bleiben, um bei dem ersten Nachlassen der rationalistischen Entstehungsursachen erneut zu zerfallen, sofern dann europäische Staatsbegriffe überhaupt noch sinnvoll sind.

Es geht um Deutschland

With an earnestness sustained by passion, Herr Domizlaff has written a challenging book: »Es geht um Deutschland«.

In: The Times Literary Supplement

Leider ist es so, daß Deutschland trotz seiner Auszeichnung mit vielen hochbedeutenden Gelehrten daraus kein tragfähiges Stilvorbild sittlicher Verpflichtungen gewonnen hat und daß deshalb die Anfälligkeit der europäischen Volksgemeinschaft gegenüber geistigen Vergiftungen weit größer ist, als man es sogar für Chinesen selbst entgegen der kommunistischen Überflutung annehmen darf. Bis es gelänge, in einem ausreichenden Prozentsatz der deutschen Bevölkerung eine zuverlässige Immunität gegen die schlechten politischen Beispiele der Lüge und des Betrugs durch eine philosophische Gefolgschaft zu erreichen, um sich im Stile Chinas von keinen feindlichen Einwirkungen im Festhalten einer kanonischen Tradition beirren zu lassen, wäre der Staat als politischer und wirtschaftliches Gebilde längst zerschlagen.

Es geht um Deutschland

Weder Hindenburg noch Hitler waren Individuen. Das kann nicht oft genug betont werden. Sie waren Massenmenschen, auch wenn ihnen der staatliche Massenorganismus eine führende Rolle zugewiesen hatte. Nicht Hitler hat die Bewegung geschaffen und ihr zur Macht verholfen, sondern nach den psychologischen Gesetzen seelenloser Staatsgebilde hat der organische Massentrieb ihn heraufgeschleudert und zum Fetisch ausgekleidet, um daran einen psychischen Halt zu erlangen. Er ist ein Produkt der Masse, sehr im Gegensatz zu dem königlichen Typ der staatsschöpferischen Dämonie. Im gleichen Augenblick, als das Schicksal rückläufig zu werden begann und tatsächlich Führereigenschaften zur Geltung kommen sollten, versagte er wie eine Marionette, die den dirigierenden Drähten einer beseelten Hand entglitt und mit der Erfindungslosigkeit einer stereotypen Bewegung den mechanischen Charakter eines Instrumentes ungeistiger Massentriebe aufzeigte.

Nachdenkliche Wanderschaft

Wenn für den Versuch, nach dem Beispiel Englands eine Art Schattenkönigtum als Bindemittel zu benutzen, überhaupt an eine für die Gegenwart tragfähige Partei gedacht werden kann, so kommt hierfür nur die traditionsstarke Sozialdemokratie in Betracht, die allein in der Lage ist, dem Volke gegenüber eine unmißverständliche Verantwortung zu übernehmen, und die auch in ihrer inneren Geschlossenheit mit ihrer relativen Sauberkeit der Gesinnung und einer alle anderen Parteien übertreffenden Überzeugungstreue die meisten Vorbedingungen für eine so kühne Konzeption erfüllt. Ihre Schwäche beruht lediglich in der Unkenntnis der biologischen Aufgaben, die das Unternehmertum und die reichen Leute zu übernehmen haben.

Es geht um Deutschland

Die nationale Regierung sieht ihren Verantwortungsbereich auf die Nation begrenzt. Daraus entsteht die Hoffnung auf eine nationale Kunst. Tatsächlich bedeutet dieses Wort einen Widerspruch in sich selbst – Religion, Wahrheit, Wissenschaft und Kunst sind niemals national, auch wenn sie die Farben, den Stil oder die Sprache einer Nation als äußeres Material benutzen. Die höchsten Leistungen des menschlichen Geistes sind der Triumph des Individuums gegenüber der großen Welt biologischer Massenhaftigkeit.

Vossische Zeitung

Die großen Egoisten unserer Zeit haben den Sinn und Zweck des Vaterlandes völlig in Frage gestellt und auch ihren Mitbürgern in mannigfaltigen Gruppierungen gegenüber bemühen sie sich eiskalt um die Ausschaltung jedweder persönlichen Anteilnahme, um ihre Vernünftigkeit zur Erlangung irgendwelcher Vorteile von allen Behinderungen des Gefühls zu befreien.

Neuralgien des Staates

Vor allem wollen wir die Überzeugung verkünden, daß es niemals Deutschlands Bestimmung war oder sein wird, ein politisches Machtgebilde zu sein, sondern daß seine Weltmission in der geistigen Befruchtung der Menschheit als Träger uralter Kulturgüter und als Kristallisationspunkt eines größeren geistigen Vaterlandes liegt.

Größeres Vaterland

Daher steht uns eine andere Haltung eher zu, die unser Selbstgefühl hebt und gleichzeitig Freunde verschafft: die Bereitschaft zur beratenden Mitarbeit in kniffligen Problemen der Finanz, Technik und Wirtschaft. Daraus kann wiederum ein pharisäischer Hochmut entstehen, aber sei es auch – vorausgesetzt, daß er uns zu einer wirklich besseren Einsicht verhilft und wir sie dann auch anderen zugute kommen lassen, ohne uns aufzudrängen.

Es geht um Deutschland

Uns fehlen glücklicherweise die Kräfte, Gewalt gegen Gewalt zu setzen und also ergibt sich die fruchtbare Gelegenheit, unsere seelische Unabhängigkeit durch eine vom Leiden geprägte Rückbesinnung zu einer für uns Deutsche vorgezeichneten Weltmission des Herzens zu werben. Eine solche Trieblenkung würde wie eine charakterliche Veredelung des Volkes wirken.

Es geht um Deutschland

Der Deutsche neigt von jeher zu kosmopolitischen Verallgemeinerungen seiner Ideale. In keinem anderen Lande wurde diese Neigung mit gleichem Recht und mit gleicher Schärfe von chauvinistischen Kreisen angeprangert. Auch in diesem innerpolitischen Anschauungskonflikt kann man ein Symptom der europäischen Sendung Deutschlands sehen.

Es geht um Deutschland

Unser weltbürgerliches Gefühl sagt uns schon seit jeher, daß politische Staaten zu den geistig längst überwundenen Erscheinungen gehören, daß sie vielleicht als Übergangs- und Ordnungsmittel nützlich sind, aber daß sie keinerlei Selbstzweck beanspruchen dürfen.

Größeres Vaterland

Kein einziger Staat wird heute noch eine wirkliche Unabhängigkeit von der alles umfassenden Völkergemeinschaft der Menschheit verlangen können. Im Unterschied zu früher macht sich in unseren Tagen mehr und mehr ein Weltgewissen fühlbar, das zwar häufig durch Propagandamittel betrogen, aber nicht mehr gänzlich zum Schweigen gebracht werden wird.

Größeres Vaterland

Wir müssen begreifen, daß unser gemeinsames Vaterland im Bereiche des Geistigen liegt.

Größeres Vaterland

Das Weltbürgertum ist nicht eine Besonderheit der deutschen Intellektuellen, es ist das Kennzeichen aller echten schöpferischen Naturen der Welt.

Größeres Vaterland

Die Sehnsucht nach einem friedlichen Dasein schenkt den wertvollsten Mitgliedern eines Volkes gewaltige Antriebskräfte und außerdem die Gewißheit, daß der Aufstieg der Menschheit auf einer höheren Ebene persönlicher Beziehungen naturgesetzlich gesichert ist. Das bedeutet jedoch keineswegs, daß in der Gruppenstruktur der Schöpfung die wichtigste Stufe: das Vaterland zugunsten einer Entnationalisierung übergangen werden dürfte.

Seele des Staates

Die ganze Abhandlung befaßt sich ja nur mit der Gesundung der deutschen organischen Lebensgemeinschaft.

Es geht um Deutschland

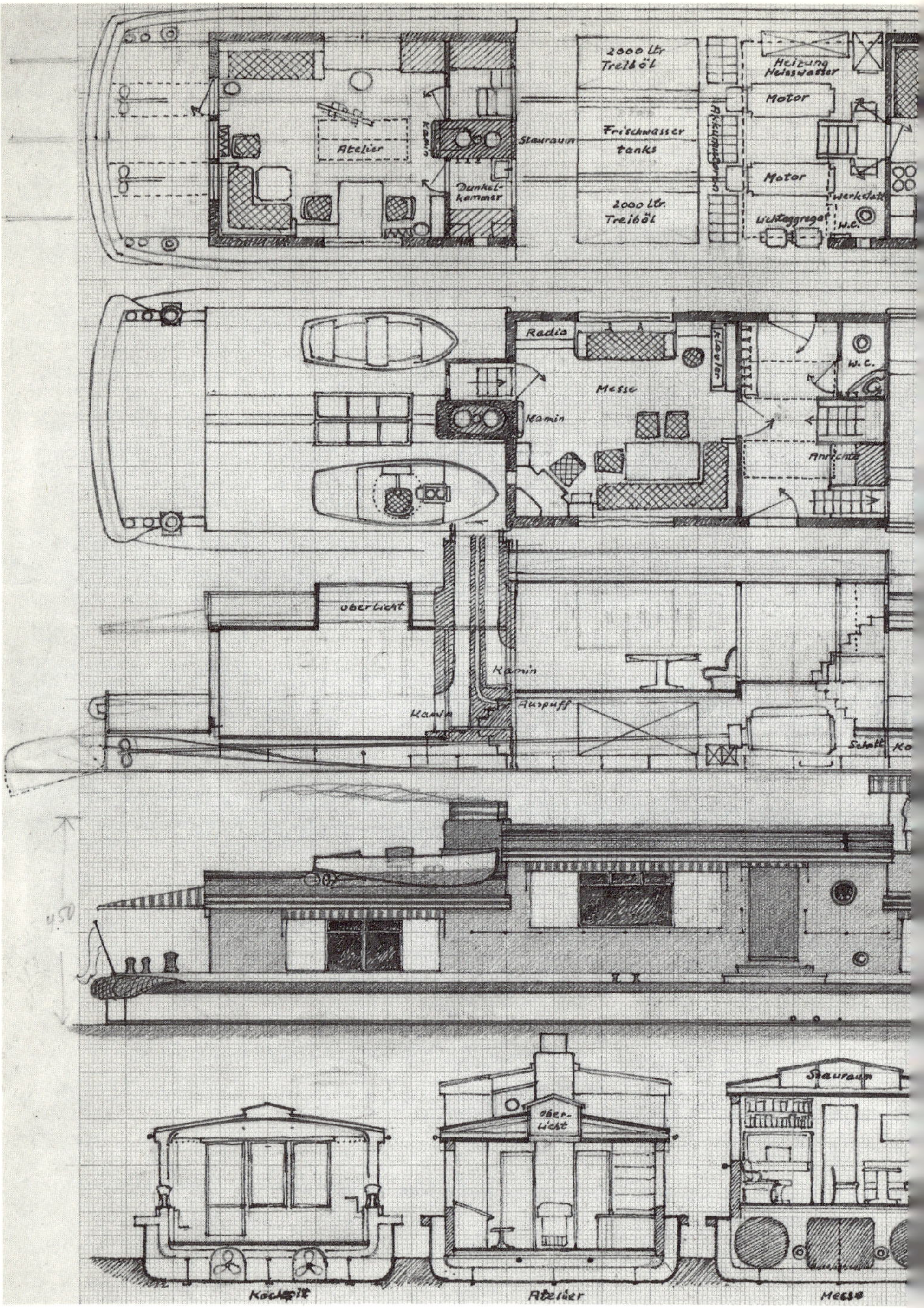

2000 Ltr. Treiböl
Heizung Heisswasser
Motor
Atelier
Kamin
Stauraum
Frischwasser tanks
Motor
Dunkel-kammer
werkstatt
2000 Ltr. Treiböl
Lichtaggregat
W.C.
Radio
Kibler
W.C.
Messe
Kamin
Anrichte
oberLicht
Kamin
Kamin
Auspuff
Schott
450
Stauraum
Ober-Licht
Kockpit
Atelier
Messe

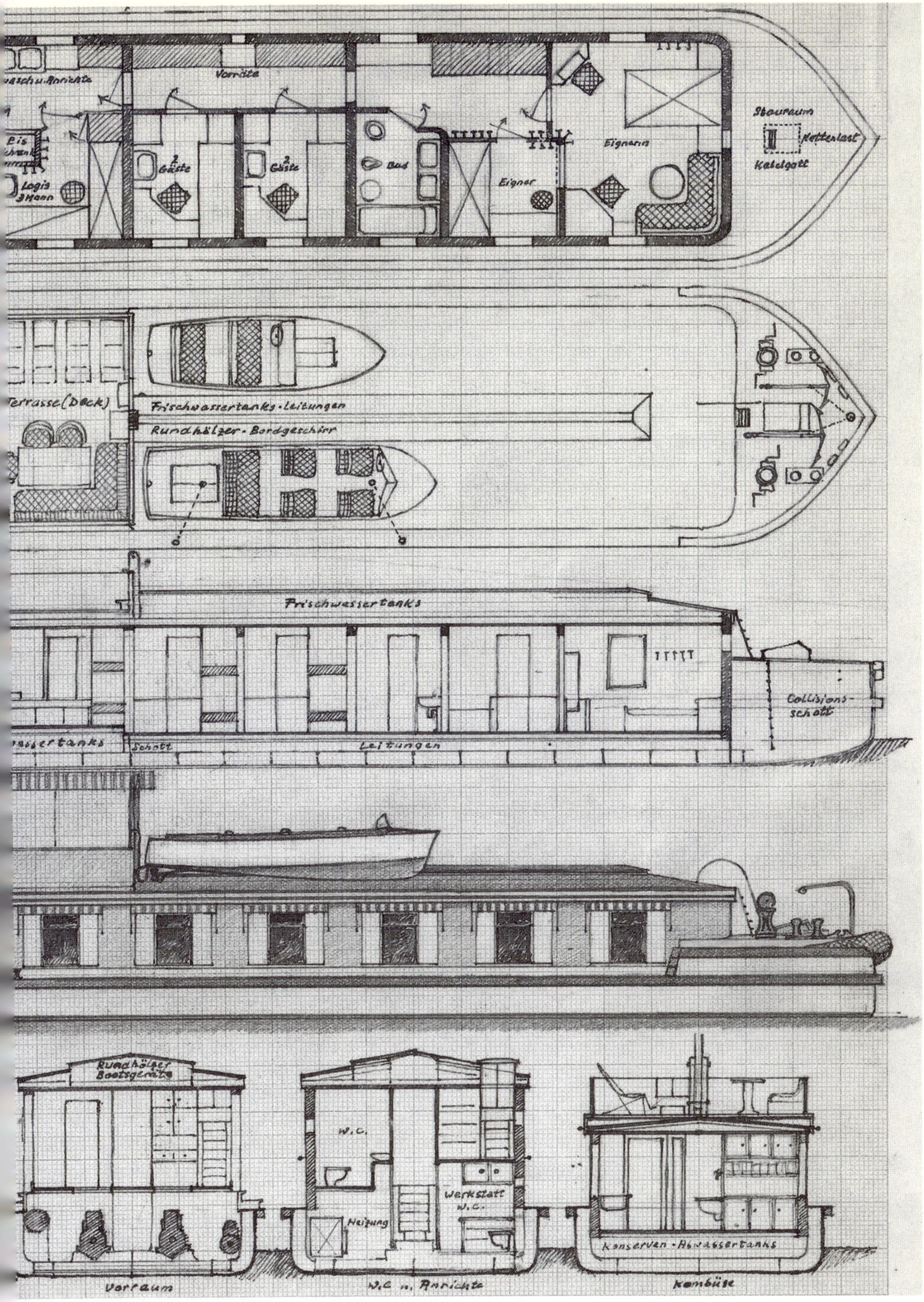
Vorräte
2 Gäste
2 Gäste
Bad
Eigner
Eignerin
Stauraum
Kettenlast
Kabelgatt
Logis 3 Mann
Terrasse (Deck)
Frischwassertanks · Leitungen
Rundhölzer · Bordgeschirr
Frischwassertanks
Collisions-schott
Schott
Leitungen
Rundhölzer Bootsgeräte
W.C.
Werkstatt W.C.
Heizung
Konserven · Abwassertanks
Vorraum
W.C. u. Anrichte
Kombüse

Abb.: Entwurf eines motorbetriebenen Hausbootes
für europäische Binnengewässer

Leute und Länder

1915 ließ ich mich an der Universität Leipzig immatrikulieren, wo ich schon als Primaner die religionsphilosophischen Kollegs des alten Wundt geschnorrt hatte.

Nachdenkliche Wanderschaft

Büchner ist unglaublich modern, obgleich er noch als Zeitgenosse Goethes gilt. Der Erfolg meiner Woyzek-Aufführung im elterlichen Hause überstieg alle Erwartungen. Zu meinem besonderen Vergnügen konnte ich Anfang 1920 Dantons Tod am Volkstheater inszenieren, nachdem ich vorher am Schauspielhaus die Ausstattung für Leonce und Lena besorgt hatte. Ich galt so ein wenig als Spezialist für Büchner.

Nachdenkliche Wanderschaft

Über Hans Domizlaffs Bühnenkonstruktion wird nach den ersten Aufführungen der neuen Bühne noch mancherlei zu sagen sein.

In: Leipziger Tageblatt

Weder einem Platon noch einem Marc Aurel ist es gelungen, ihr Ideal auf Erden zu verwirklichen oder der Menschheit auch nur einen Schritt auf dem Wege nach geistiger Befreiung über den großorganistischen Entwicklungsrhythmus hinaus weiterzuhelfen. Trotzdem empfindet das geistig selbständige Individuum noch heute bei ihrer Lektüre eine innerliche Befriedigung und ein Ahnen des schöpferischen Weltgeistes im Einklang mit dem Urtrieb.

Analogik

Christus und Konfutse suchten ihre Anhänger und sagten ihnen: Folget mir nach. Laotse und Sokrates fanden ihre Anhänger, die sie nicht äußerlich zu binden wünschten; denn die Grundlage ihres Denkens war die persönliche Freiheit in dem umfassendsten Raum der Menschlichkeit.

Analogik

Sokrates besaß in seinem Zeitgenossen Perikles ein Parallelbeispiel seiner unmittelbar an das großorganistische Leben gebundenen Wirkungsform. Beide meinten Athen, wenn sie von der Menschheit sprachen, und die Menschheit, wenn sie für Athen planten.

Analogik

Noch wertvoller sind die caritativen Funktionen der Frauen und ihre kritische Beschäftigung mit allen Problemen, die von jeher die Domäne der Weiblichkeit bilden. Es gibt aber unter ihnen keine bedeutenden Philosophen, Ingenieure, Dichter, Maler, Bildhauer, Komponisten, Dirigenten, keine Unternehmer, keine Forscher und schließlich auch keine neuschöpferischen Ärzte, Rechtsanwälte und selbst Philantropen. Die wenigen Ausnahmen, wie Hypatia, Kowalewska, Curie, Bonneur und einige mehr, bestätigen mit ihrer beinahe unbegreiflich geringen Zahl die totale Härte des Naturgesetzes.

Es geht um Deutschland

Wir können sicher sein, daß die Wege, welche die größten uns bekannten Philosophen, wie Laotse, Heraklit, Parmenides und ihre Nachkommen, zu den tiefsten für Menschen wissenschaftlich erreichbaren Erkenntnissen geführt haben und mit allen Qualen menschlicher Enttäuschungen und der schmerzhaftesten Kasteiung zur Erzwingung ihrer geistigen Selbständigkeit nahezu regelmäßig von dem Verlust des eigenen Lebenswillens begleitet waren, bis sie sich zu zeitlos gültigen Einsichten eiskalter Prägnanz durchringen konnten.

Religiöse Phänomene

Einzelne frühgeniale Mathematiker, wie der jugendliche Gruppentheoretiker Evariste Galois, beweisen, daß auch die lebloseste aller Wissenschaften ihre Erneuerung nicht einer fleißigen mosaikartigen Bauarbeit verdankt, sondern den schöpferischen Einfällen eines geheimnisvollen naturhaften Lebens.

Analogik

Selbstverständlich sind die Weiterentwicklungen der klassischen euklidischen Elemente notwendig und sehr fruchtbar gewesen, aber ohne den Ursprung zu entwerten. Letzthin erweisen sich Herakleitos, Parmenides, Demokritos und die anderen griechischen Naturphilosophen immer noch unerschütterlich als Fundament mathematischen Denkens.

Naiv

Ab und zu kam Fernand Leger zur Korrektur, aber ich konnte mit dem übereleganten Kubisten nichts anfangen. Modigliani stand mir wesentlich näher. Er kam ab und zu, wenn auch selten nüchtern genug, um etwas sagen zu können. Picasso regierte fast unsichtbar die öffentliche Meinung des 5. Arrondissement von Paris. Eines Tages hämmerte und sägte er in seinem Atelier, bis das ganze Haus in Aufregung geriet. »Que voulez-vous! Je fais de la peinture!« meinte er, als er Bruchstücke farbiger Materialien zusammensetzte.

Nachdenkliche Wanderschaft

Es wird sich kaum in Abrede stellen lassen, daß die wunderbar zusammengestellten und als Offenbarung Gottes legalisierten sozialen Gebote des klassischen Judentums erst langsam mehr und mehr mit dem Samaritertum des Lukasevangelium verbunden wurden. Mir ist bei ihm die einzige Stelle bekannt (Lukas 10/29 ff.), in der deutlich von der Beschränkung der Gemeinschaftsverpflichtung des »Du sollst Deinen Nächsten lieben, wie Dich selbst!« (3. Buch Mose 19/18) auf persönlich nahestehende Men-

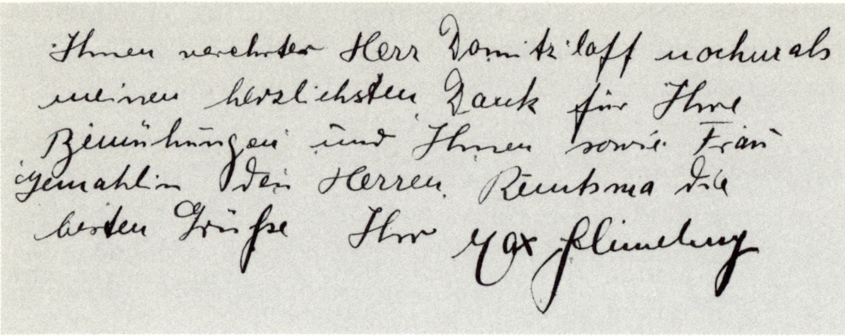

Ihnen verehrter Herr Domizlaff nochmals
meinen herzlichsten Dank für Ihre
Bemühungen und Ihnen sowie Frau
Gemahlin u. den Herren Reemtsma die
besten Grüße Ihr Max Schmeling

Max Schmeling am 14. Juni 1928 aus New York

schen oder Volksgenossen abgegangen wurde und ein kosmopolitisch gedachter Einfluß des klassischen Griechentums zum Ausdruck kommt. Der Evangelist Lukas war von Geburt ein Grieche, ebenso wie sein Herr und Meister Paulus.

Religiöse Phänomene

Mit den Mitteln des Verstandes läßt sich keine höhere Stufe der Ethik und der menschlichen Selbstausbildung erreichen, als es der langen Reihe großer Philosophen bis zu Kant gelang, und diese stilreinen Denker zwingen zur tiefsten Ehrfurcht.

Seele des Staates

Ich weiß nicht, was Sie für Pläne haben. Ob Sie noch einmal beweisen wollen, daß Sie nicht der Tüchtigkeit eines Gegners, sondern nur dem Pech unterlegen gewesen sind, oder ob Sie ein echter Philosoph werden wollen und der Öffentlichkeit den Rücken kehren.

In einem Brief an Max Schmeling

Wir stehen am Anfang eines wilden Monopolkampfes, da die Größe unseres Unternehmens (Reemtsma) die Gefahr des Privatmonopols an die Wand malen läßt und natürlich alle freien Firmen mit der Hoffnung auf eine gute Monopolabfindung gegen uns zu Felde ziehn. Wir kämpfen außerdem einen bisher erfolglosen Streit gegen die Hypertrophie des Handels, der durch Wucherforderungen den Verkaufspreis der Marken fast verdoppelt. Hierüber habe ich mit Ferdinand Tönnies diskutiert, der in mir nicht nur einen körperlich, sondern auch geistig Verwandten entdeckte. (sagt er!)

In einem Brief an Prof. Eulenburg

Die Höhlenbilder von Altamira, deren Entstehung zwischen dem 18. und 50. Jahrtausend vor Christi datiert wird, stehen ranggleich in der Reihe der höchsten Kunstwerke bis in die heutige Zeit hinein. Wo es sich um künstlerische oder sonstige geistige Offenbarungen der Schöpferkraft handelt, hat nach der

Ausentwicklung der Menschen und Völker kein Fortschritt mehr stattgefunden.

Analogik

Ein Mann, bei dem ich mit meinen Argumenten für die Notwendigkeit einer Staatspropaganda volles Verständnis fand, war Hermann Ullstein. Er griff die Sache auf, und er hat in der Vossischen Zeitung meine Gedanken kommentiert, doch ohne Resonanz.

Nachdenkliche Wanderschaft

Der Mont St. Michel ist sehr eindrucksvoll. Die ungewöhnliche Regelmäßigkeit der Silhouette eines gleichschenkligen Dreiecks gibt dem Bauwerk etwas Unwirkliches. Es ist ein Phantasiegebilde von Rabelais, von Doré gezeichnet oder von Breughel gemalt. Man wartet förmlich auf die Spukgestalten, die von den Remparts heruntergrinsen, um den Besucher zu erschrecken. Aus dem Roman von Victor Hugo: Les Miserables, kannte ich das grauenvolle Schicksal der Enlissés, und die Erinnerung daran ist erregend.

Nachdenkliche Wanderschaft

Das geistige Leipzig wurde zu jener Zeit unsichtbar von Musikern regiert. Man lebte und nährte sich fast von Musik. Nur Max Klingers Kunst hatte die gleiche öffentliche Anerkennung gefunden, aber niemals die gleiche Popularität. Nikisch erzählte mir manche Geschichte. Auch jene vom Erfolg der e-moll Tschaikowskij's in Moskau. Albert Schweizer setzte deutliche Akzente: Er verlangte von der Interpretation Bachs einen sehr herben protestantischen Stil.

Nachdenkliche Wanderschaft

Ich hatte in der Vorkriegszeit in Paris Debussy persönlich spielen hören. Nun war er bei uns große Mode. Die Welt war in zwei Richtungen gespalten. Die einen sahen in Brahms ihr Ideal, das waren für uns die musikalischen Spießer. Die anderen malten den Namen Debussy als Symbol auf ihr Schild, und zu den letzteren gehörte die Mehrzahl unseres Kreises.

Nachdenkliche Wanderschaft

Nachdenkliche Wanderschaft – Ein Korn im Stroh der vielen anderen so überflüssigen Erinnerungsbände.

In: Welt am Sonntag

Japan schließt mit seinem Kompositionsreichtum und seiner jugendlichen Triebkraft unter dem Druck des zu engen Lebensraumes die Alterserscheinung der individuellen Weisheit aus und unterwirft alle einbezogenen Menschen restlos der Opferverpflichtung.

Brevier für Könige

Die Lebensanschauungen des feingebildeten Türken haben eine gewisse Ähnlichkeit mit dem schon geschilderten holländischen Raucher. Es verbindet beide eine gewisse bedächtige Gründlichkeit in ihrem Lebensgenuß mit allen sich daraus ergebenden Folgerungen bezüglich der Charakterisierung; aber der Türke ist abgeklärter und noch weit mehr Philosoph als sein holländisches Gegenstück, er ist vor allem differenzierter, feingeistiger, raffinierter und weniger saturiert. Es ist dies der Unterschied zwischen Cigarette und Cigarre, zwischen dem Orienttabak und dem amerikanischen Tabak, beide Sorten vertreten durch ihre vollkommenen Genießer.

Vademecum für Raucher

Dem Vorstand der Reemtsma Aktiengesellschaft, als Zeichen meines aufrichtigen Dankes für das Erlebnis einer wirklichen Freude am Material, am Handwerk und an ernsten Kulturbestrebungen, gewidmet.

Vademecum für Raucher

Die Weisen erkennt man immer daran, daß sie nicht andere erziehen wollen, sondern sich selbst.

Es geht um Deutschland

Das urweibliche Wesen – wir dürfen hier nicht mit dem Erzieherbegriff der treuen Gattin rechnen – ist ängstlich, ohne Widerstandswillen und auf den stärksten Mann nach dem Naturgesetz angewiesen. Aber sobald ein Kind aus seinem Schoß das Licht der Welt erblickt, wird die Mutter eine Löwin an Mut und Beutegier. Zwischenzeitlich sucht sie in aller Stille ihr Kind auszutragen und allen Schwierigkeiten aus dem Wege zu gehen.

Analogik

Die zunehmende Ausschaltung des individuellen und deshalb schöpferischen Denkvermögens als praktisch dirigierende Begleiterscheinung eines zuverlässigen Symbols der Volksseele hat auch noch einer anderen utopischen Idee der allgemeinen Vermassung zum Durchbruch verholfen, und das ist die Gleichberechtigung der Frauen. Die Überzeugung, daß nur reaktionäre Engstirnigkeit diesen Fortschritt bekritteln könnte, läßt es beinahe ratsam erscheinen, das Thema überhaupt nicht zu berühren, aber leider ist es mit der einfachen weiblichen Wahlbeteiligung nicht getan; es ist zu erwarten, daß ehrgeizige Frauen, gestützt auf das sakrosankt empfundene Dogma einer bis auf Pygmäenvölker ausgedehnten uniformen Menschenwürde, folgerichtig die unbeschränkte Anerkennung der Frau auch in maßgebenden Führungsstellungen verlangen. Warum soll es schließlich keine weiblichen Staatspräsidenten geben, wenn weibliche

Staatsminister selbstverständlich geworden sind? Sicher ist, daß damit die Vermassung ihren Höhepunkt finden wird.

Es geht um Deutschland

Bekanntlich sind viele Mißverständnisse zwischen Eltern und ihren Kindern unüberbrückbar.

Analogik

Die anfängliche Hilfsbedürftigkeit des jungen Raubtieres zwingt die Eltern zu einer Opferbereitschaft und einer Beschränkung ihrer eigenen Willkür, die zu erkennen gibt, daß das Erzeugnis die Erzeuger in Abhängigkeit bringt.

Analogik

Die Überschätzung der Erfahrungen und der Vernünftigkeit ist eine typische Alterserscheinung, die sehr leicht dazu führt, von vorneherein alle Einfälle dunkler Herkunft ohne Prüfung abzulehnen und nur die logische Beweiskraft altgewohnter Vorstellungen gelten zu lassen. Der Mensch lebt dann vorzugsweise vom Kapital seines Wissens und nicht mehr von seinen schöpferischen Kräften.

Analogik

Das Alter wünscht sich das Schöpferische auf das Ästhetische beschränkt. Dabei übersieht es das Selbstmörderische der Triebverminderung und der Frühreife ohne eine erlebnisreiche Entwicklung.

Analogik

Immerhin kann beobachtet werden, daß für fast alle Großschöpfungen der Menschheit die Grundbestandteile beinahe immer bereits vor dem 20. Lebensjahr gewonnen wurden.

Analogik

Nur der Kompositionssinn zeigt die Besonderheit eines gewissen Lebensanspruches.

Psychische Grundgesetze

Die ungehemmte Folgerichtigkeit der Vernunft ist tödlich.

Analogik

Das Leben beginnt einfach erst dort, wo wir die Hoffnung auf eine mathematisch-physikalische oder auch entsprechend chemische Errechenbarkeit verlieren.

Analogik

Mein lieber Freund,

Möge Gott Ihnen für lange Zeit die Gesundheit geben
und bleiben Sie allen Ihren Freunden und mir das,
wofür wir Sie so schätzen und lieben: der beratende
Freund und Mentor.

Aus dem Briefwechsel mit Herbert von Karajan

Leben und Individualismus sind untrennbar. Je ausgeprägter eine Individualität ist, desto musterhafter ist sie als Beispiel des Lebens.

Analogik

Trotzdem bleibt der Egoismus der wahre Ausgangspunkt, und das Unabhängigkeitsstreben mit aller Herrschsucht ist das deutlichste Symptom des Lebens.

Analogik

Der Lebenstrieb ist immer nur so weit kennzeichnend, als er ungehemmt bleibt. Ethische Verpflichtungen und alle sonstigen Hemmungen des Menschen sind triebhinderlich und müssen mit ihren Folgen außer Ansatz bleiben. Der Rest ist ein Lebewesen, das unter der Stufe des geistig bestimmten Menschen bleibt und am ehesten mit einem großen, sehr unabhängigen und einseitig selbstsüchtigen Raubtier verglichen werden kann. An dieses Musterbeispiel wollen wir uns halten.

Analogik

Je älter ein Mensch wird, desto geschickter und ausgiebiger pflegt er im allgemeinen das Instrument der Vernunft zu benutzen, aber um so ungeeigneter wird er dann auch als Träger der geheimnisvollen schöpferischen Wirksamkeit des Daimon. Er neigt allzusehr zur vernunftgemäßen Kritik auch auf Ebenen, die der Vernunft nur in bescheidenem Maße zugänglich sind.

Analogik

Wenn nun ein junger Mann oder ein junges Volk mit vernunftgemäß in ihren Ursachen nicht begreifbaren Sehnsuchtszielen die Welt zu gestalten sucht und sie in neue Entwicklungsstadien, wie von einem schöpferischen Daimon getrieben, drängt, dann wehrt sich die eindeutige Vernünftigkeit der älteren Generationen gegen diese Unruhe ohne erkennbaren vernünftigen Anlaß.

Analogik

Eine autoritativ gleichberechtigte Christiane Vulpius würde die Menschheit zwingen, auf einen Goethe endgültig zu verzichten.

Seele des Staates

Das demokratische Prinzip der Befreiung von Furcht wird von der individualistischen Jugendpsyche – und verstärkt von der Massenpsyche – in eine Forderung der Respektlosigkeit umgedeutet. Sie erzeugt die für alle Demokratien verhängnisvoll kennzeichnenden Schwierigkeiten der Jugenderziehung.

Seele des Staates

Der Weisheit Mantel ist die Müdigkeit.

Seezeichen

Die echten Unternehmer sind die billigsten Naturkräfte, die einen Gemeinschaftsorganismus mit einem gesunden Leben erfüllen können.

Sozialisierungstod

Von den Aristokraten stammen keine ursprünglichen Unternehmer ab; denn Unternehmer sind besten Falles die Ahnen einer neuen Aristokratie.

Es geht um Deutschland

Es mag vor Jahrhunderten, als sich das Königtum noch nicht in wirtschaftliche Gebiete abgedrängt sah, ganz ähnlich gewesen sein. Die Eroberer und Gründer von Königreichen waren sicherlich die größten Rüpel in den Klosterschulen.

Unternehmertum

In der Politik ist dieser substantielle und unverblümt egoistische Absolutismus unmöglich geworden. Das politische Führertum mußte langsam mehr auf rein ethische Grundlagen umgebaut werden.

Unternehmertum

Die ältesten und damit vornehmsten Königreiche lagen im Landbesitz. Später wurde die Schwerindustrie gesellschaftsfähig, die ihrerseits heute noch auf die nächste Gruppe der Fabrikanten technischer Geräte herabsieht. Aber erst in der neuesten Zeit gestatten Markenartikel, wie Waschmittel, Zigaretten und ähnliche Massenwaren langsam einen Zutritt in den Kreis der alten Wirtschaftskönige.

Unternehmertum

Das Wort Unternehmertum in diesem Zusammenhang bedarf einer begrifflichen Bestimmung. Es ist so umfassend und so ursprünglich gedacht, daß es die selbstverantwortlichen Führungsaufgaben in jeder Art von Unternehmungen einbegreift, die überhaupt die Organisierung einer Arbeitsgemeinschaft veranlassen können. Im Gebiet der Politik nennen wir es »Königtum«, in der Wirtschaft »Unternehmertum«, in der Kunst »Dirigententum« oder »Regie« und in den Wissenschaften »Erfindertum« oder »Entdeckertum«. Es kann nachgewiesen werden, daß es sich in allen vier genannten Disziplinen um die gleichen imaginären Kräfte handelt, die kein Verstand ersinnen oder ersetzen kann, deren Herkommen uns stets unbekannt bleibt und die den eigentlichen schöpferischen Urtrieb des geistigen Lebens auf der Erde darstellen.

Sozialisierungstod

Wenn ein einzelner Bauer seinen Hof bewirtschaftet, dann ist er Unternehmer, und zwar mit allen Forderungen echten Unternehmertums. Ein schlichter Ladenbesitzer, ein Handwerker, kurzum alle Gewerbetreibenden, die mit oder ohne Angestellte für sich selbst den Grundsatz der Selbständigkeit erfechten, gehören zu den Königskindern des Unternehmertums. Die Größe des gestaltenden Herrschaftsbereiches ist nebensächlich, denn gerade bei Künstlern und Wissenschaftlern gibt es viele Ein-Mann-Königreiche, die mit ihrer vollen Selbstverantwortlichkeit eine gewissermaßen allseitige Ausreifung erfahren, im Gegensatz zu dem hochgezüchteten Spezialisten, dessen Lebensstandard tausend Mal so hoch sein kann, obwohl er auf sich allein gestellt nicht existenzfähig ist.

Sozialisierungstod

Der engstirnige Rationalismus unserer Zeit, der die ungeheure Mannigfaltigkeit der Lebenserscheinungen mit törichter Überheblichkeit sämtlich in die Konstruktion von Gemeinschaftsformen einordnen zu können vermeint, ohne dabei den schöpferischen Instinkt und das Wissen um das Gewachsensein der Gegenwart mit allen Stützen der Tradition einzubeziehen, hat die Rätselhaftigkeiten des Unternehmertums mit dem Wort Privatinitiative zu lösen versucht. Man nahm an, daß es genüge, dem kleinbürgerlichen Begriff von Egoismus Nahrung zuzuführen oder Verheißungen zu machen, um alle vorhandenen unternehmerischen Kräfte erwecken und unmittelbar in eine Beauftragung einspannen zu können. Das ist grundfalsch. Selbstverständlich ist der Egoismus, sofern man dieses Wort nicht auf den Gedankenkreis primitiver Menschen beschränkt, der wichtigste Tätigkeitsanlaß und Lebensmotor. Trotzdem wird man von dem leidenschaftlichen Gestaltungswillen eines Künstlers nicht behaupten wollen, daß Verlockungen von Geld und Gut für ihn vorzugsweise richtungsbestimmend zu sein pflegen. Der Egoismus der Künstler, zu denen die echten Unternehmer gehören, ist von einer besonderen Art. Auch rationalistisch gesehen, läßt sich über ihn aussagen, daß allein die Übereinstimmung von persönlichen Interessen und den Eigeninteressen seines Werkes die künstlerische Inspiration gewährleistet.

Sozialisierungstod

Man mag über die Licht- und Schattenseiten eines Unternehmers denken, wie man will. Man mag sie als königliche Raubtiere bezeichnen, die niemals ihre Natur verleugnen können, niemals satt sind und keine Ressentiments kennen. Mag sie als asoziale Gewalthaber fürchten, die nur durch eine starke Opposition in den Grenzen des Erträglichen gehalten werden. Oder aber man rechnet mit ihnen als Symptome einer langsam aussterbenden Urkraft, eines Fermentes großer Wirtschaftsorganismen und Kristallistationspunkte zukunftweisender Gestaltungen. Jedenfalls sind sie für das fruchttragende Leben notwendig, und ihre Existenz ist nicht davon abhängig, ob man sie duldet oder nicht. Eine ferne utopistische Zukunft wird sie einmal entbehrlich empfinden, aber dann wird das heroische Zeitalter der Menschheit abgeschlossen sein. Bis dahin gehört ihnen die Bewunderung und Zuneigung derer, die sie erkannt und erfühlt haben.

Der Gegensatz zum Unternehmertum wird durch »Beauftragte« gebildet, die als Volksvertreter oder Präsidenten in der Politik, als Direktoren oder Generaldirektoren der Planwirtschaft, als Handlanger oder Handwerker der Kunst und als Mosaikarbeiter der Wissenschaften in die Kategorie der Angestellten gehören. Sie sind nicht in erster Linie sich selbst und einem imaginären Schöpfertum verantwortlich, sondern verpflichtet, mit den unzulänglichen und kunstfremden Mitteln rationalistischer Rechenschaftsberichte ihren Daseinszweck zu beweisen. Ihre wichtigste Aufgabe besteht darin, ihre Auftraggeber – zumeist eine denkbeschränkte Masse von Laien – zu befriedigen. Damit wird das Vordringen in geistiges Neuland grundsätzlich ausgeschaltet.

Sozialisierungstod

Undirigierte Funktionäre handeln nach einer Eigengesetzlichkeit, die jeden Staatsorganismus wie eine Krebserkrankung allmählich mit Enthemmungen vergiftet und durch Wucherungen funktionsunfähig macht.

Es geht um Deutschland

Die verbandspolitischen Hilfskräfte haben bei allgemein wirtschaftlichen Themen eine Machtstellung gewonnen, die sich vielfach als äußerst verhängnisvoll erweist. Auf diese Weise haben sich die Unternehmer allmählich eine Bürokratie geschaffen, die hinsichtlich ihrer kleinbürgerlichen Anschauungen und ihrer Angestellteninstinkte weit mehr Übereinstimmung mit den Gewerkschaftstheoretikern fühlt als mit ihren Herren. Mit dieser Bürokratie, die im Stile der Landsknechte dem zu dienen vorgibt, der sie bezahlt, aber dabei innerlich eigentlich nichts sehnlicher wünscht, als mit der Abschaffung des Unternehmertums sich selbst zur Geltung zu bringen, ist das intellektuelle Zersetzungsgift vielfach bis in das Herz der Unternehmungen selbst vorgedrungen, ohne daß die Unternehmer in ihrer produktiven Naivität diesen Parteienverrat erkennen.

Es geht um Deutschland

In der demokratischen Praxis stellt es sich regelmäßig heraus, daß die wirklichen Stimmen des Volkes gar nicht gehört werden. Statt dessen kommen nur Funktionäre zur Geltung.

Seele des Staates

Die wirklichen Volksvertreter, die aus der Masse herauskommen und die Interessen ihrer Herkunft verfechten, sind aus einem ganz anderen Holz geschnitzt und viel sachlicher als die Idealisten. Sie wissen zumeist ganz genau, wo die Grenzen des Möglichen gezogen sind, und sie fühlen sich trotz aller Reformvorschläge zu übernommenen Anschauungen verpflichtet, ohne durch Übertritt in eine obere Kaste einen gedanklichen Verrat zu üben. Der verstorbene Reichspräsident Ebert war ein solcher Volksmann, dem höchste Bewunderung gebührt, und der sich deutlich von seiner Umgebung abhob.

Sozialisierungstod

Dauernd suchen der Massenwille und der Unternehmerwille sich gegenseitig Lebensraum abzugewinnen, wodurch das fruchtbare Ideengut wesentlich vermehrt wird.

Unternehmertum

Das Leben kann in seinem Triebfundament nicht durch kleinbürgerliche Vernünftelei erfaßt werden. Das echte Unternehmertum gehört in die Kategorie des Schöpferischen. Das hat nichts mit Wohlhabenheit zu tun, aber dafür mit einer absolutistischen Herrschaft im eigenen Gestaltungsraum, mit einer weitgehenden Selbstverantwortlichkeit, mit Leidenschaften, die in kein Angestelltenverhältnis passen. Fehlen diese Voraussetzungen, so erlischt die Dämonie des Schöpferischen. Geht das Königtum unter, so bleibt den Kärrnern nichts mehr übrig, als die ausgefahrenen Wege auszubauen und die Lebendigkeit des Daseins in eine Mechanik des Normalablaufes der Pflichterfüllung zu zwingen, wie sie der Untertanenpsyche entspricht, aus der die Theorie der Planwirtschaft hervorgegangen ist.

 Sozialisierungstod

Der Kampf der Masse um ihre Ethik und der Widerstreit der Unternehmer um ihre Ausnahmestellungen und ihr Herrschertum bilden mit ihrem Auf und Nieder den Sinn des lebendigen Daseins der Gemeinschaften.

Unternehmertum

Die Geldpsychose ist Berufen vorbehalten, die von keiner konstruktiven Geistigkeit geformt werden wie eine handwerkliche Betätigung und die auch nicht die Befriedigung in einer Tätigkeit für die Allgemeinheit bringen, wie beispielsweise der Staatsdienst, eine wissenschaftliche oder künstlerische Zielsetzung, die ihre Belohnung erst mit Beifallskundgebungen dankbarer Nutznießer erhält, sondern die nichts als Geld anzuhäufen versuchen, allenfalls mit dem Hintergedanken an eine damit verbundene Macht und öffentliche Geltung. Das ist ein seltsames Lebensmotiv, das über die Beseitigung materieller Sorgen hinaus keinen irgendwie diskutierbaren lebensgenießerischen, geschweige denn ästhetischen oder gar ethischen Sinn enthält. Die großen Wirtschaftskönige unserer Zeit, soweit sie nicht durch reine Zufälligkeiten oder eine erfinderische Sonderbegabung zum Ziel kamen, konnten nur dadurch Erfolg finden, daß sie sich gedanklich pausenlos mit allem Sinnen und Trachten allein darauf konzentrierten, was sie in ihrer Reichweite in eigenes Geld verwandeln konnten. Auch andere Großleistungen benötigen Konzentrationen der Geisteskräfte, wiederum mit den Ausnahmen des Glücks und der schöpferischen Eingebung, aber sie brauchen und dürfen sich nicht der allgemein menschlichen Anteilnahme an ihrer Umgebung als der Verursacherin schöpferischer Kräfte so konsequent verschließen, wie dies die eigenmächtigen Geldfürsten tun müssen.

Religiöse Phänomene

Die Mystik des Unternehmerischen reicht gelegentlich auch sehr weit in Arbeitsgemeinschaften mit Aktienbeteiligungen hinein, sofern der Persönlichkeitsstil nicht durch die Verbreiterung des Besitzbegriffes verloren geht. Der Fachblick vermag jedoch unschwer auszumessen, wo das echte Unternehmertum aufhört und der verhängnisvolle Selbstzweck des Kapitals anfängt. Man wird dabei feststellen, daß der Sozialismus mit seiner Planwirtschaft zuerst den Urtrieb des Schöpferischen abtötet und sich dann unmerklich selbst dem kapitalistischen Dämon ausliefert.

Sozialisierungstod

Es gilt demnach, bei allen unternehmerischen Planungen im Auge zu behalten, daß ein langfristiger Erfolg nur zu erwarten ist, wenn früher oder später ein auch den unternehmerischen Interessen übergeordneter staatsschöpferischer und urnaturhafter Wille maßgebend ist.

Erste Schritte

Das unverhüllte Dasein kann nicht mit Gouvernanten besprochen werden.

Unternehmertum

Anfang der 30er Jahre entwickelte Domizlaff einen Telefonapparat, bei dem er »seine Finger nicht mehr zur Achse eines technischen Vorgangs machen mußte«; 20 Jahre später begeisterte der Apparat die Amerikaner auf der Hannover-Messe 1952

Eine Marke hat ein Gesicht wie ein Mensch.

Markentechnik

Ein Mensch kann zwar einige Zeit erfolgreich betrügen, eine Marke kann es nicht.

Markentechnik

Wirtschaftliche Idealisten können in der Markentechnik eine Art Betrug sehen. Dies ließe sich auch vertreten, wenn es möglich wäre, die psychologische Abhängigkeit auf die Dauer zu mißbrauchen. Es ist aber eine Eigenart der Markenwaren, daß sie bei verhältnismäßig mangelhafter Qualität nur kurzfristig Absatz finden, um sehr rasch von der wenig rücksichtvollen Käufermasse restlos abgelehnt zu werden. Ein Betrüger kann in kleinen Unternehmungen einige Zeit gute Geschäfte machen, aber nie mit zwangsläufig großmaßstäblichen Markenartikeln. Versucht worden ist dies oft, aber geglückt ist es bisher wohl noch nie.

Markentechnik

Es gibt nicht nur im Leben der Menschen, sondern auch im Leben der Marken eine Art Liebe auf den ersten Blick.

Markentechnik

Die größten Umsätze erzielten auch hier einzelne Marken, die durch ihre Reklame niemals besonders aufgefallen waren. Wenn die gesamte Wirtschaft eines Landes in den Stil eines Jahrmarktrummels gedrängt bleibt, werden die größten Schreier unzweifelhaft beachtliche Vorteile nachweisen, aber eben doch nur kurzfristig und niemals für ein später erhofftes geordnetes Gemeinwesen verwertbar.

Markentechnik

Paradox genug: daß fast jeder von uns das anonyme Lebenswerk der Markenbildung durch Hans Domizlaff kennt, ohne doch eigentlich zu wissen, daß es von ihm herrührt.

In: Rheinische Post

Man tut gut, Marken als beseelte Wesen anzusehen.

Markentechnik

Auch der Kaufherr hat den nüchternen Geldgewinn zum Ziel. Aber er muß auf unwürdige Augenblicksgeschäfte, selbst sehr lohnender Art, um der Beständigkeit seines Unternehmens willen verzichten.

Markentechnik

Es ist lehrreich, bei geschichtlichen Untersuchungen festzustellen, daß große Augenblicksgewinne nur selten zu einer Dauerhaftigkeit des Unternehmens führen konnten. Es ist aber andererseits Tatsache, daß das Augenblicksgeschäft der Ursprung jedes echten kaufmännischen Wesens ist, und daß diese Parallele auch für den Kampf um Ideen – die man immer in das Reklameproblem einbeziehen sollte – gültig ist.

Markentechnik

Die Frage bleibt immer aktuell, welches Ziel angestrebt werden soll, d.h. ob man den Weg des Jahrmarktstils von Einzelerfolg zu Einzelerfolg kraft eines zuverlässigen Verkäuferbewußtseins und entsprechender Kaufanreize gehen soll oder ob es sich mehr empfiehlt, den Versuche zur Kontinuierlichkeit eines Dauergeschäftes zu unternehmen.

Grundprinzipien

Es ist verständlich, daß die Gewinnmöglichkeiten bei den Augenblicksgeschäften größer erscheinen, da sie unmittelbar das Ergebnis einer Arbeitsleistung darstellen. Dagegen ist der Aufbau eines ortsfesten Dauergeschäftes mühsam und langwierig. Mit den notwendig geringen Anfangserfolgen wird jedoch eine größere Sicherheit erworben.

Markentechnik

Sehr viel einfacher kann man das Wort »Markentechnik« mit der Zielstellung verwenden, um aktuelle geschäftliche Erfolge in Dauererfolge zu verwandeln, also beispielsweise den einmaligen Erfolg eines Leistungsangebotes oder eines Warenverkaufs wiederholbar zu machen. Das betrifft nicht nur wirtschaftliche Zielstrebigkeit, sondern jede Art von Zielstellung, auch im Bereich der Politik, der Wissenschaft, des Wettbewerbes in Weltanschauungen usw.

Grundprinzipien

In der Praxis mag dies am ehesten durch zwei Beispiele verdeutlicht werden können, die wir in dem einen Fall als Jahrmarktstil bezeichnen wollen und die im anderen Falle durch den Stil des ortsfesten Kaufmanns mit einer Stammkundschaft charakterisiert werden. Beide Geschäftsarten haben ihren moralischen und nationalökonomischen Sinn. Es wäre verfehlt, irgendwelche moralischen Wertunterschiede zu machen, denn der Jahrmarktstil beherrscht auch heute noch in einem weit überwiegenden Maße das Geschäftsleben großer und zum Teil sehr angesehener Unternehmen, die vermutlich durch ihre Einstufung in die Gesetze des Jahrmarktes überrascht oder sogar beleidigt sein mögen.

Grundprinzipien

Unter der Voraussetzung höchstmöglicher Qualität und Interpretation verdient von zwei Auffassungen diejenige den Vorzug, die am wenigsten von der eigenwilligen Künstlerschaft eines bedeutenden Interpreten abhängig ist, vielmehr diejenige, die historisch beispielwürdig ist. Auch geschäftlich ist die Stilwirkung einer Epoche für die neue Markenidee wichtiger als eine persönliche künstlerische Sonderleistung im Einzelfall.

Archiv Produktion

Markenpolitik ist Machtpolitik, gleichgültig ob es sich um Warenmarken, Firmenmarken oder Persönlichkeitsmarken handelt. Vorauszusetzen ist allerdings, daß man die drei Typen nicht als willkürlich äußerliche Bildwerke betrachtet, sondern als das Gesicht der Summe aller Erscheinungen und Tätigkeitsformen einer unternehmerischen Idee.

Unternehmertum

Ein kritischer Beobachter kann erkennen, ob ein Unternehmen zum Stil des Jahrmarktes oder des ortsfesten Kaufmannes neigt. Danach kann er den Dauerwert und die Selbstsicherheit beurteilen.

Markentechnik

Jeder im Wettbewerb erfolgreiche Markenartikler steht eines Tages vor dem Problem, wie man einen unterlegenen und aufgekauften Konkurrenten wieder in die Höhe bringen kann. Die Neigung zur Expansion ist bei erfolggewohnten Unternehmungen unwiderstehlich, und die günstige Gelegenheit zur Übernahme bisher gefürchteter Marken wird selten übersehen. Die Tatsache, daß die Konkurrenzmarken erst schwach geworden sein müssen, bevor sie sich ergeben, wird allein auf die eigene Tüchtigkeit zurückgeführt, die es vernünftigerweise ebenso fertigbringen muß, die Marken wieder zum neuen Leben zu erwecken. Jedenfalls ist der Gedankengang der meisten Unternehmer dahin gerichtet, daß sie mit ihrer Überlegenheit nicht nur den Tod, sondern auch das Leben zu vergeben haben. Aber darin irren sie sich, denn dabei streikt der Verbraucher.

Markentechnik

Der Verbraucher unterhält sich nicht mit Fabrikanten, sondern mit Marken.

Markentechnik

Markengesetze sind Naturgesetze.

Markentechnik

Die Voraussetzung der natürlichen Markenbildung ist die Warenqualität.

Markentechnik

Wem Marken gehören, ist dem Verbraucher ziemlich gleichgültig. Auch dann, wenn ein Unternehmer mehrere Marken besitzt, trennt der Verbraucher jede Marke in ein selbständiges Unternehmen. Daher wird er nie begreifen, daß zwei Marken, die bis heute sich in gut und schlecht unterschieden, durch Zukauf auf einmal beide gut und dafür ganz andre Marken schlecht sein sollen. Eine niedergekämpfte Marke ist nur sehr schwer wieder verwendungsfähig. Die Geschichte der Markenindustrie zeigt eine endlose Kette von Enttäuschungen über die Erscheinung, daß Markenartikel in neuen Händen anscheinend erst recht absinken und selbst einen niedrigen Kaufwert nicht mehr rechtfertigen. Derartige Folgen finanzieller Transaktionen ist die Betrachtung einer Marke als tote Ware.

Markentechnik

In jedes neu hinzu erworbene Unternehmen kommen üblicherweise ausgesuchte Beamte, um erst einmal richtig Ordnung zu schaffen. Man stellt fest, was alles falsch gemacht worden war, und bei der Reinigungsaktion wird auch der Geist versehentlich gründlich ausgekehrt, von dem die Marke – schließlich die Hauptsache – erzeugt und ernährt wurde.

Markentechnik

Eine niedergekämpfte Marke ist nur sehr schwer wieder verwendungsfähig. Hat sie noch einen kleinen Rest von Anhängern, dann ist es nur eine Frage der Zeit, bis sie auch diesen Marktanteil verliert. Auswirkungen im Konkurrenzkampf erstrecken sich bei Markenartikeln oft auf Jahre hinaus, so daß der Keim des endgültigen Verfalls manchmal zum Zeitpunkt des Besitzwechsels einer Marke noch gar nicht gesehen wird.

 Markentechnik

Wir sind gewohnt, bei bedeutsamen Markenwaren in erster Linie an industrielle Unternehmungen zu denken, von deren technischer Erstellung gängige Markenartikel abhängen. Tatsächlich aber sind die Anfänge der Kennzeichnung und damit die Grundlagen der Entwicklung von Markenartikeln vom Handel ausgegangen.

Preisbindung

Es gibt keinen Kaufmann, der so reich ist, daß er sich auf die Dauer Unliebenswürdigkeit leisten darf.

Propagandamittel der Staatsidee

Die Vergrößerung des Herrschaftsbereiches einer Marke gefährdet immer die älteste und treueste Anhängerschaft.

Markentechnik

Die Geschichte der Markenindustrie zeigt eine endlose Kette von Enttäuschungen über die Erscheinung, daß Markenartikel in neuen Händen anscheinend erst recht absinken und selbst einen niedrigen Kaufwert nicht mehr rechtfertigen.

Markentechnik

Jene, die einer Markenidee willig Resonanz entgegenbringen, lassen eine feste Anhängerschaft entstehen. Die Massenanziehung gestattet eine gewisse Erweiterung dieses Kreises durch Bindung unsicherer Elemente, die als Mitläufer ohne Krisenfestigkeit bezeichnet werden dürfen; doch der nächste Schritt zur Erweiterung des Anerkennungsbereiches führt zu Gruppen, die psychisch vergewaltigt werden müssen, weil der ihnen anerzogene Stil durchaus nicht mit dem Charakter der Marke übereinstimmt. Werbemittel, die nunmehr eingesetzt werden, sind demnach auf Gruppen zuzuschneiden, die sich für die Stilmittel der Markenidee unzugänglich gezeigt haben. Die Stilbasis der Marke darf selbstverständlich auch dabei nicht verloren gehen, aber trotzdem handelt es sich um Erweiterungen, die die engen und scharfgeformten Grundsätze der ursprünglichen Markenbildung teilweise vernachlässigen müssen.

Markentechnik

Ein seriöser Kaufmann ist stets darauf bedacht, das öffentliche Vertrauen zu gewinnen, damit er sich nicht mit den einmaligen Gewinnen eines Jahrmarktes begnügen muß, die ihn zum Aufsuchen immer neuer Jahrmärkte oder zum Wechsel seiner Firmierung zwingen, sondern damit er durch Kundentreue eine Lebenssicherheit erlangt, die ohne konkurrenzfähige Dauerleistungen kaum denkbar ist.

Imaginäre Vorträge

Die betont willige Anpassung ist markentechnisch allgemein kein zuverlässiges Mittel der Vertrauensgewinnung.

Stilunsicherheit der Deutschen

Gewiß, das Buch »Die Gewinnung des öffentlichen Vertrauens – Ein Lehrbuch der Markentechnik« ist zuweilen einseitig, die Schrift eines Enthusiasten, der an seine Sache glaubt. Aber es ist keine schlechte Sache.

In: Der Deutsche Volkswirt

Das Ansehen einer Marke und der Besitz an öffentlichem Vertrauen kennzeichnen das, was man unterbewußt unter Adel versteht.

Markentechnik

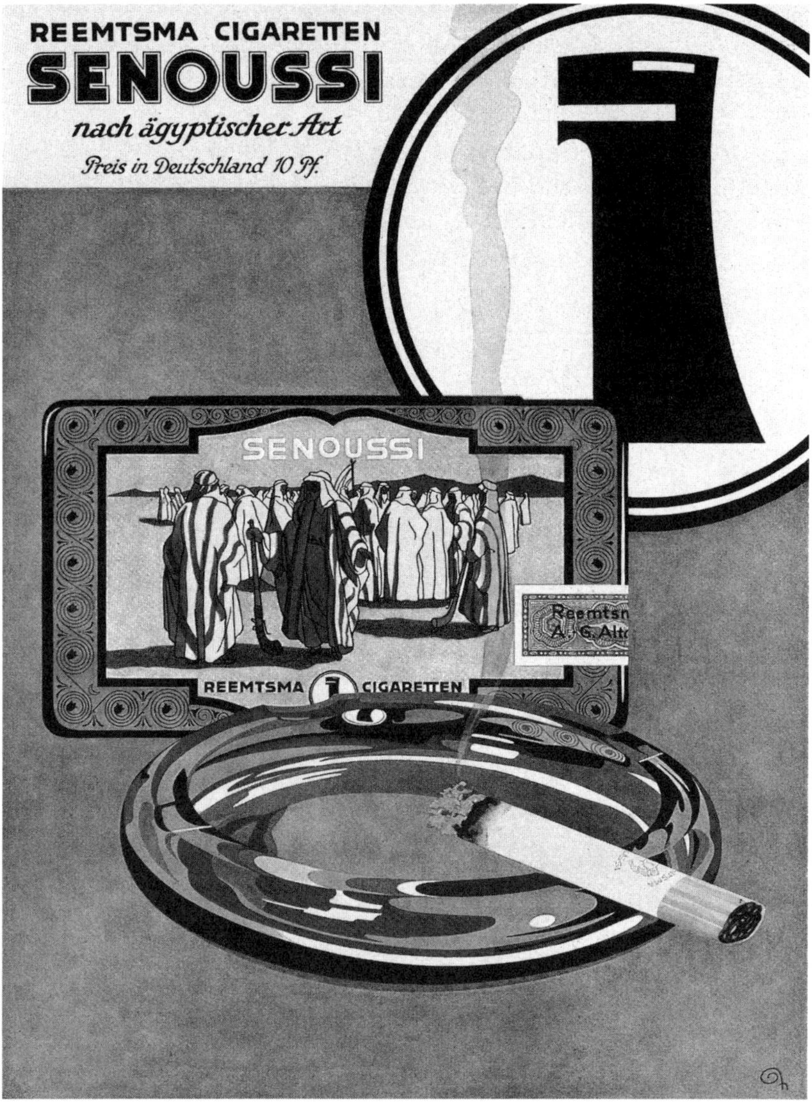

Senoussi-Anzeige aus dem Jahre 1929:
Dreiklang von Haus, Marke und Produkt

Werbung und Reklame

Die schönste Reklame ist immer noch diejenige, die man sich ersparen kann.

Markentechnik

Die Worte Reklame und Werbung sollen einen Unterschied zwischen veralteten und modernen, groben und verfeinerten oder auch aufdringlichen und anlockenden Methoden der Publikumsbeeinflussung verdeutlichen.

Markentechnik

Im ganzen Bereich der markentechnischen Arbeit meldet sich immer und immer wieder der oft verhängnisvolle Gegensatz zwischen der Anschauungsweise routinierter und suggestiv begabter Verkäufer einerseits und dem Markentechniker andererseits. Der Verkäufer sieht sein Arbeitsziel nur in Einzelerfolgen von Fall zu Fall; jeder neue mögliche Kunde ist für ihn der Beginn eines neuen Unternehmertums. Der Markentechniker dagegen beachtet nicht so sehr die einzelnen Käufer oder Verkaufsvorgänge, sondern vor allem eine personifizierte Käufergemeinschaft, die auf eine oft erstaunlich geheimnisvolle Weise alle positiven und negativen Erfahrungen untereinander austauscht.

Vorschläge

Das viel benutzte Wort »Reklame« bedeutet ursprünglich nur ein Mittel zur Erregung öffentlicher Aufmerksamkeit. Eine

»Werbung« für Waren oder Ideen ist in einem solchen Vorgehen noch nicht enthalten.

Markentechnik

Nun gibt es nicht nur elementare, leicht erkennbare Massen-Psychosen, sondern auch eine unendliche Fülle von Vergewaltigungen der Individual-Psyche durch eine übergeordnete Massen-Psyche, die so differenziert sind, daß das Individuum in den seltensten Fällen seine eigene Befangenheit innerhalb einer Massenseele verspürt. Die mannigfaltigen Wirkungen direkter oder indirekter Reklame für Handelswaren geben immer neue Beispiele davon, daß einzelne Individuen an die Selbständigkeit ihrer Kaufentschlüsse glauben, aber in Wirklichkeit einer Massen-Psychose unterliegen. Es geschieht sogar überwältigend häufig, daß ein Käufer überzeugt ist, niemals durch Reklame beeinflußt werden zu können. Dieser Irrtum ist erklärlich, da – besonders bei Großreklame für Massen-Artikel – niemals eine einzelne Individual-Psyche beeinflußt wird, sondern eine gewisse Käufermasse, also eine Massen-Psyche; erst auf diesem Umweg wird der einzelnen Käufer erreicht, der aber als Individuum sich keine Rechenschaft über die Ursachen seiner Kaufhandlungen als Teil einer Masse ablegen kann. Dies ist der Grund für die eigenartige Erscheinung der großen Wirkung der Reklame und der geringen Wirkungs-Erkennbarkeit durch ein Individuum.

Propagandamittel der Staatsidee

Jedes von Anfang an in großem Reklame-Stil an die Öffentlichkeit gebrachte Markenziel trägt schon den Todeskeim der Überernährung in sich. Reiche Leute lassen nicht gern die Natur zur Geltung kommen. Wer aber unter dem Druck der Verhältnisse seine vornehmste Aufgabe darin sieht, methodische Kleinarbeit zu leisten und Dorf für Dorf und Kleinstadt für Kleinstadt oder Stadtbezirk für Stadtbezirk verkaufstechnisch mit einer guten Marke durchzuarbeiten, der erhält sich die Spannung eines Kampfes auf Leben und Tod, den Instinkt und den durch die Praxis genährten Ideenreichtum, um den ihn der allzu selbstsichere Großunternehmer beneidet.

Markentechnik

In alltäglichen Beobachtungen zeigt die ursprüngliche Form der Reklame bereits die in ihr stets vorhandenen Gefahren der Fehlwirkung. Ein historisches Beispiel: Der mittelalterliche Arzt, der dem Zwang der Zeit folgte und sich auf der einzigen Schaubühne, die eine breitere Öffentlichkeit einbezog, dem Jahrmarkt, mit Reklamemitteln bekannt zu machen suchte, wurde häufig auch dann von ernsthaften Menschen der Quacksalberei und des inhaltslosen Marktschreiertums verdächtigt, wenn er wissenschaftlich zuverlässig war.

Markentechnik

Der Stil des Jahrmarktes zeigt: Geringe Wichtigkeit der Qualität, größere Wichtigkeit des äußeren Scheins; hemmungslose Aufdringlichkeit; Gleichgültigkeit gegenüber Verachtung und ähnlichen Folgen eigener Würdelosigkeit; unsachliches Theater, Verwendung von Witzen, Karikaturen, erotischen Anspielungen, unbedenkliche Ausnutzung von Aktualitäten, religiösen oder patriotischen Stimmungen. Die Folge ist: Kurzfristigkeit der Geschäftsabwicklung und schnelle Gewinne; aber die Gefahr der Unwiederholbarkeit, der Zwang zum dauernden Wechsel der Hilfsmittel und damit ein großer Kräfteverbrauch für einen praktisch jedesmaligen Neubeginn der geschäftlichen Unternehmung. Der Stil des Kaufherren zeigt: Unbedingte Qualität bzw. Preiswürdigkeit und die Auswahl der richtigen Ware; Zurückhaltung und geschicktes Bemühen um den Eindruck, daß dem Käufer die Initiative überlassen bleibt; ein auf Würde und Rechtschaffenheit aufgebautes Ansehen; Beschränkung auf sachliche Verhandlungen mit dem einzigen Hilfsmittel rein persönlicher Beziehungen. Die Folge ist: Aufbau eines Unternehmens, dessen Fundament aus langjährigen guten Erfahrungen seiner Kunden und dem daraus gewonnenen Vertrauen der Kundschaft gebildet wird.

Markentechnik

Die primitiven Vorgänge des Jahrmarktes finden heute noch bei weitaus den meisten Reklameunternehmungen der Industrie ihre zutreffenden Analogien. Die große Mehrzahl der Werbefeldzüge unserer Zeit bleibt vollständig in dem Jahrmarktsstil befangen und erklärt das Mißtrauen, die unterbewußte Abneigung und die manchmal klar ausgeprägte Verachtung, die ein ernster Mensch mit den sachlichen Zielen einer warenschöpferischen oder ideenschöpferischen Ethik den unwürdigen Spekulationen auf die Psyche der Jahrmarktbesucher entgegenbringt. Es ist sehr wichtig, diese Gegensätze als Urbilder der heutigen Werbetechnik ganz klar darzustellen. Der Kaufherr sucht seine Kunden durch Gewinnung ihres Vertrauen zu binden. Der Jahrmarktverkäufer handelt praktisch stets nur einmalig.

Markentechnik

Die Werbung kann selbst zur Marke werden, so daß gewissermaßen ihre Anwendung unmerklich zum Selbstzweck wird.

Markentechnik

Ein Werbefachmann, der in der Öffentlichkeit Lorbeeren zu ernten hofft, widerspricht damit dem eigentlichen Sinn seines Berufes, denn jedes Ablenken der Aufmerksamkeit auf den Wert oder Unwert seiner Tätigkeit vermindert bedrohlich die Wirkungskonzentration der Zielstellung, auf die es allein ankommt.

Erste Schritte

Sagt der Verbraucher: »Die Reklame ist gut« – dann war die Reklame schlecht. Sagt der Verbraucher: »Die Ware ist gut« – dann war die Reklame gut!

Reklamekritik

Typische Denkfehler der Reklamekritik: Das Buch hält mehr als es verspricht.

In: Vossische Zeitung

Es gibt keine Dauerverbraucher, die einen anderen Kaufanlaß anerkennen als den Glauben an die Qualität, die Preiswürdigkeit oder eine langjährige Gewohnheit, d.h. zusammengefaßt: das Markenvertrauen. Vor dieser Tatsache verlieren alle Reklameurteile aus den Kreisen der Verbraucher und Händler ihren Wert.

Es kommt auf ganz andere Dinge an als auf die Anerkennung der Werbung eines Unternehmens.

Markentechnik

An die Stelle der kurzfristig wirksamen Reklametechnik tritt die dauerwirksame Markentechnik.

Markentechnik

Der Verkäufer sucht seine Ware den Kunden aufzudrängen. Der Markentechniker versucht, eine Marke und Werbemittel zu schaffen, die geeignet sind, den Kunden anzuziehen.

Markentechnik

Auch durch die gesamte Graphik der modernen Werbung und durch die Textierung von Inseraten, Plakaten usw. geht mit allen möglichen Abstufungen der Unterschied der aufdrängenden und ansaugenden Form, als sichtbares Zeichen einer Ideenführung des Verkaufsapparates oder der Markentechnik.

Markentechnik

Die Reklameüberschätzung unserer Zeit hat vielfach jede markentechnische Überlegung illusorisch gemacht und eine Stimmung der Gewaltmittel entstehen lassen.

Markentechnik

Die gute Werbung schöpft ausschließlich aus dem Ideenkreis der Markenware selbst.

Markentechnik

Der alte Gegensatz zwischen Jahrmarktsreklame (mit Tricks, Blickfängern, Lärminstrumenten, Verschönerungsmitteln und Überredungskunststücken) und der Werbung des ortsfesten Kaufmanns (mit der Ausstattung echter Leistungen, mit Unterstreichungen des fachlichen Könnens, mit persönlicher Vertrauenswürdigkeit und dem Weitblick in Stilmitteln, die in jedem Geschäftsvorgang die Vorstufe zu weiteren Geschäften erkennbar machen), erschwert auch in der politischen Propaganda oftmals die Entscheidung über einzuschlagende Wege.

Erste Schritte

Der Marktschreier betreibt die produktivste Reklame: die der Bedarfsweckung. Bei ihm ist die Konkurrenzgefahr ziemlich ausgeschaltet. Der ortsansässige Kaufmann hingegen setzt seine Werbemittel der Würde erst im Konkurrenzkampf entscheidend ein. Erst der Wettbewerb verlangt ein besonderes Vertrauen der Kundschaft, um einen Vorrang geschäftlich zu sichern.

Markentechnik

Reklame trägt den Stil des Einmaligen, Flüchtigen, Unstabilen, des Geschäftes um jeden Preis, des Unbedenklichen und der Aufdringlichkeit eines Verkäufertyps, der nicht an das Morgen denkt. Der Wert eines traditionsgebundenen Unternehmens liegt aber im Beharrlichen, in der Würde, im fachlichen Vertrauen der Kundschaft, also in einem Stil, der niemals mit dem landläufigen Reklamebegriff vereinbart werden kann.

Markentechnik

Nicht die Werbung soll bewußt werden, sondern das Markenvertrauen soll unterbewußt gestärkt werden.

Markentechnik

Die eigentliche Aufgabe der Werbung: die Marke in die richtige Beleuchtung zu setzen, ohne sie davon abhängig zu machen.

Markentechnik

Der Stil einer guten Markenwerbung muß der Stil einer jungen Dame sein, die sich niemals hemmungslos und gewalttätig aufdrängen darf, sondern die sich mit der heimlichen Kunst der Verführung in das richtige Licht setzt, bis die Männer ihr Opfer bringen.

Markentechnik

Jede Manifestation von Wunschträumen eines Werbetreibenden ist kraftlos und überzeugungsunfähig.

Markentechnik

Der Verbraucher will angeleitet und geführt werden, aber er will den Schein der Freiwilligkeit gewahrt wissen.

Markentechnik

Will man für eine Ware Sympathien erwecken, so darf man eben nur mit Mitteln arbeiten, die aus der Besonderheit der Ware selbst abgeleitet werden können, also unübertragbar sind. Es sollte als ein Grundsatz der Markenwerbung gelten, jedes Werbemittel, das durch Abänderung des Namens auch für die Konkurrenz oder für ganz andere Warengattungen eingesetzt werden könnte, zu vermeiden.

Markentechnik

Die besten Werbemittel sind unübertragbar.

Markentechnik

Besonders der Imperativ in der Werbung ist ausnahmslos fehlwirksam oder schwach. Die Masse läßt sich gutwillig erst dann etwas befehlen, wenn sie sich vorher freiwillig unterworfen zu haben glaubt. Die Masse braucht den Glauben an die eigene Initiative.

Markentechnik

Vorstellungen und Empfindungen sind nicht direkt mitteilbar, sondern nur durch Schaffung der selben Umstände, sei es in Wirklichkeit oder in der Vorstellung durch Wortgleichnisse, um bei gleicher Einstellung die selben Vorstellungen und Empfindungen wieder zu erzeugen.

Bekenntnisse eines Malers

Du hast Kunstgeschichte studiert und wenigstens eine leise Ahnung davon mitbekommen. Du bist schriftstellerisch tätig gewesen und besitzt eine gute Allgemeinbildung. Du hast aber auch ein wenig kaufmännisches Denken und den kaufmännischen Rechenstift üben müssen sowie die Sorgen und Leiden des Vertreter-Berufes erlebt. Du kennst deine große Empfindlichkeit und Deine Registrierfähigkeit gegenüber allen psychischen Wirkungsmitteln der Sprache und der Graphik. Du bist praktisch Massenpsychologe gewesen und verfügst hierin von Jugend auf über einen beträchtlichen Erfahrungsschatz. Du kennst die deutschen Landschaften und einen ausreichenden Teil des europäischen Auslandes mit den Besonderheiten ihrer Bevölkerung. Du kannst abstrahieren und einigermaßen vorurteilslos denken. Alle diese anfänglich zusammenhanglos erscheinenden Spielereien, von denen keine einzige bisher ausgereicht hat, um einen wirklichen Lebensberuf daraus zu machen, haben einen gemeinsamen Nenner: das Werbefach.

Nachdenkliche Wanderschaft

In totaler Verkennung der Massenpsyche glauben die kirchlichen Sachwalter mit Konzessionen an einen angeblichen Zeitgeist oder vorherrschenden Publikumsgeschmack eine wirksame Propaganda mit Blickfang, Sensationen und ähnlichen Effekten aus der Mottenkiste der Reklame zu erzielen. Als Markentechniker hätte ich einen ganz anderen Rat gegeben: mit aller Sorgsamkeit die Ideallösung für unsere Zeit suchen, die nicht vom Selbstzweck der Eitelkeit des Architekten ausgeht, sondern von dem Ziel, ein Haus Gottes zu bauen, in dem alle Eindrucksmittel nur auf Andacht und Verinnerlichung abgestimmt sind, so daß jede Aufmerksamkeitserregung unterbewußt zwangsläufig immer wieder auf ein Motiv der Gläubigkeit zurückführt, so wie es auch bei profanen Aufgaben von jeder guten Werbung gemacht werden muß.

Imaginäre Vorträge

Die Priester sind die Werbefachleute der christlichen Offenbarung; amusische Werbefachleute sind allerdings völlig unbrauchbar.

Imaginäre Vorträge

Die Zielstellung, derzufolge einige unter Ihnen sich mit der Frage nach werbefachlichen Hilfen an mich gewandt haben, ist falsch. Nicht die Gläubigen bedürfen der anleitenden werbefachlichen Betreuung, sondern Sie, die Priester selbst.

Imaginäre Vorträge

Hat ein Mensch die Absicht, Empfindungen zu übertragen, anderen mitzuteilen, so wird er sich darauf beschränken müssen, diejenigen Vorgänge mitzuteilen, die das mitzuteilende Gefühl bei ihm selbst ergaben, vermittels eines Gleichnisses, das die selben Folgen auslösen soll. Ist der betreffende Andere gleichartig darauf eingestellt, dann wird er dadurch die Gefühle begreifen und empfinden, ist er jedoch nicht darauf eingestellt, dann wird der Mitteilungsversuch erfolglos sein.

Bekenntnisse eines Malers

Auf Einladung der Richard-Dehmel-Gesellschaft las Hans Domizlaff aus eigenen Werken: Eine Parabel aus dem Insektenreich und Gedichte.

In: Hamburger Anzeiger

Der Reiz der Andeutung beruht auf dem Wachrufen schöpferischer Kräfte zur Vervollständigung eines dann als ureigen empfundenen Kunstwerkes, das sich im Gefühl inniger ganz persönlicher Beziehungen auswirkt. Wenn auch eine Mitarbeit des Genießenden stets notwendig ist – denn die genußbringende Komposition entsteht erst im Gehirn des Betrachters – so kann doch die Zunahme des eigenen Schaffensanteils die Wirkung erhöhen.

Psychische Grundgesetze

Ein Appell an die Romantik ist stets wirksamer als an die Vernunft.

 Erste Schritte

Jedenfalls empfiehlt es sich nicht, das Gesicht der Marke durch vorzeitige Reklame mit fachfremden Ideen und nur auf Sensation gerichteten Anschauungsmaterialien zu verändern.

Markentechnik

Sehr beachtenswert ist auch, was Domizlaff über die Verquickung von Reklame mit Politik bzw. Chauvinismus sagt. Qualitätspropaganda und nicht die Aufrichtung wirtschaftlicher chinesischer Mauern muß durch die Reklame verfolgt werden. Domizlaff hat sich mit seinem schönen Buche »Die Gewinnung des öffentlichen Vertrauens«, das übrigens auch als Buch schön ist, unstreitig ein großes Verdienst erworben. Wenn sich seine Gedanken durchsetzen, werden wir nicht nur bessere Reklame, sondern auch bessere Waren haben.

In: Prager Presse

Markentechnik ist die Kunst, jedes getätigte Geschäft zum Schrittmacher fortlaufend weiterer Geschäfte zu machen – sei es mit dem gleichen Angebot oder sei es mit weiteren Angeboten in gegebener Stileinheit. Darin unterscheidet sich vor allem die Markentechnik von den aktuellen Erfolgsbemühungen der Reklame.

Vorschläge

Das technische Werbemittel selbst hängt von dem Stilkreis der Ware ab.

Markentechnik

Wird ein Werbemittel von der öffentlichen Meinung für zugkräftig befunden und vielleicht sogar bewundert, so ist es unzweifelhaft fehlwirksam. Wird ein Produktangebot vom Markt willig aufgenommen und als hervorragend anerkannt, so ist die dabei benutzte Werbung wahrscheinlich richtig gewesen.

Die ersten Schritte

Wenn ein Werbefachmann seine Arbeitsleistung öffentlich anzubieten gezwungen ist, so beschränkt er sich selbstverständlich auf direkte und bereits bekannte Werbemittel, so daß die oft unscheinbaren, untergründigen, zumeist dauerwirksameren Mittel der Gewinnung eines öffentlichen Vertrauens außer Ansatz bleiben.

Erste Schritte

Reklame ist eben peinlich.

Nachdenkliche Wanderschaft

Deshalb möchte ich das Wort Markentechnik für ein Arbeitsgebiet einführen, das sich mit der Schaffung und Handhabung von massenpsychologischen Hilfmitteln für den Geltungskampf ehrlicher Leistungen oder produktiver Ideen befaßt, und zwar speziell mit dem letztlich allein dauerwertig sinnvollen Ziel einer Gewinnung des öffentlichen Vertrauens.

Markentechnik

Markentechnik ist die Kunst der Schaffung und Handhabung geistiger Waffen im Geltungskampf ehrlicher Leistungen und neuer Ideen zur Gewinnung des Vertrauens der Öffentlichkeit.

Markentechnik

In der Markentechnik handelt es sich niemals darum, ein bestimmtes Geschmacksbild für bestimmte Zwecke aus Beobachtungsergebnissen des Publikums oder mit nachgeahmten Symptomen erfolgreicher Markenwaren zu konstruieren, sondern lediglich um die Ermittlung der Grenzen des Aufnahmevermögens und mehr noch um die Fixierung von Gesetzen der Neigungsbereitschaft des Publikums, sofern ein einfallsreicher Kopf dann das Wissen auch erfinderisch auswerten kann.

Vorschläge

Die Markentechnik ist um so erfolgreicher anwendbar, je mehr ein Qualitätsehrgeiz und eine Qualitätsmoral zur Geltung kommen.

Die Masse hat ein ungemein feines Organ für Vollständigkeit, Geschlossenheit und Kompositionsharmonie.

Markentechnik

Die »Gewinnung des öffentlichen Vertrauens« ist ein hervorragendes Buch, das den Vorzug gründlicher Sachkenntnis mit großem sprachlichen Vermögen vereint; es befaßt sich mit allen Gebieten der Markentechnik, mit dem Wesen der Marke also, mit ihrer Entwicklungsgeschichte, ihren Vertriebsmethoden, mit Psychologie, vor allem aber mit Werbung. Den hier vertretenen Werbeideen kommt so grundsätzliche Bedeutung zu, daß auch der Buchhändler, an welcher Stelle im Buchhandel er auch stehe, Gewinn und Nutzen daraus ziehen kann.

In: Börsenblatt des deutschen Buchhandels

Gibt es etwas Schöneres, als auf geheimnisvolle Weise mit den Reizmitteln von Form und Farbe, mit für Laien unmerklichen Assoziationsträgern, mit kleinen Ideeninfektionen und den vielen, vielen bildlichen und sprachlichen Beeinflussungskünsten das Publikum willfährig zu machen? Das Schönste daran ist die Heimlichkeit. Der Werbefachmann tritt ja mit seiner Person nicht in Erscheinung. Billige Eitelkeiten muß er sich abgewöhnen. Er bleibt im Hintergrund und beobachtet vergnügt, wie sich die Menschen gegenseitig den Vorrang ablaufen wollen und wie sie dabei letzten Endes ihren unbewußten psychologischen Neigungen gehorchen, mit denen der Werbefachmann wie auf einer Klaviatur zu spielen lernt.

Ethik im Werbefach

Der Markentechniker soll wie ein Regisseur sein Publikum trunken machen, aber sich dabei nicht selbst betrinken.

Markentechnik

In der Hand eines richtigen Unternehmers ist die Markentechnik eine Waffe, mit der sich echte Leistungen den Weg vom Tribunal der öffentlichen Meinung aus erzwingen können.

Markentechnik

Man kann bei jedem Unternehmen sofort an dem Markengesicht und an den Werbemitteln erkennen, ob der Verkaufsapparat oder ein Markentechniker das Gesicht des Unternehmens festgelegt hat.

Markentechnik

If there ever was an »Urfaust« in management, advertising and marketing thought, it is Hans Domizlaff.

Ernest Dale in: Festschrift

Ein Laie in der Markentechnik, der die psychologischen Grundgesetzlichkeiten derselben nicht anerkennt, tut gut daran, sich entweder anderen Themen zuzuwenden und auf einen Einsatz markentechnischer Methoden zu verzichten oder aber durch ein eigenes Studium die Voraussetzungen für sein Verständnis zu schaffen.

Grundprinzipien

Außerdem ist die Masse sehr wohl für künstlerische Einflüsse im Unterbewußtsein zugänglich, vor allem wenn sie indirekt und unbetont erfolgen.

Imaginäre Vorträge

So verschieden auch die Markenziele sein mögen, sie können sich immer einheitlich auf den Gesetzen aufbauen, denen das Gehirn der Masse folgt, denn eine Marke ist nur ein Begriff im Gehirn der Masse.

Markentechnik

Die Variationsbreite des markentechnischen Berufes ist außerordentlich; denn die Methoden wie die Mittel wechseln bei jedem Objekt. Seit der Jahrhundertwende sind mehr und mehr Stapelwaren zum Markenartikel ausentwickelt worden.

 Denkschrift

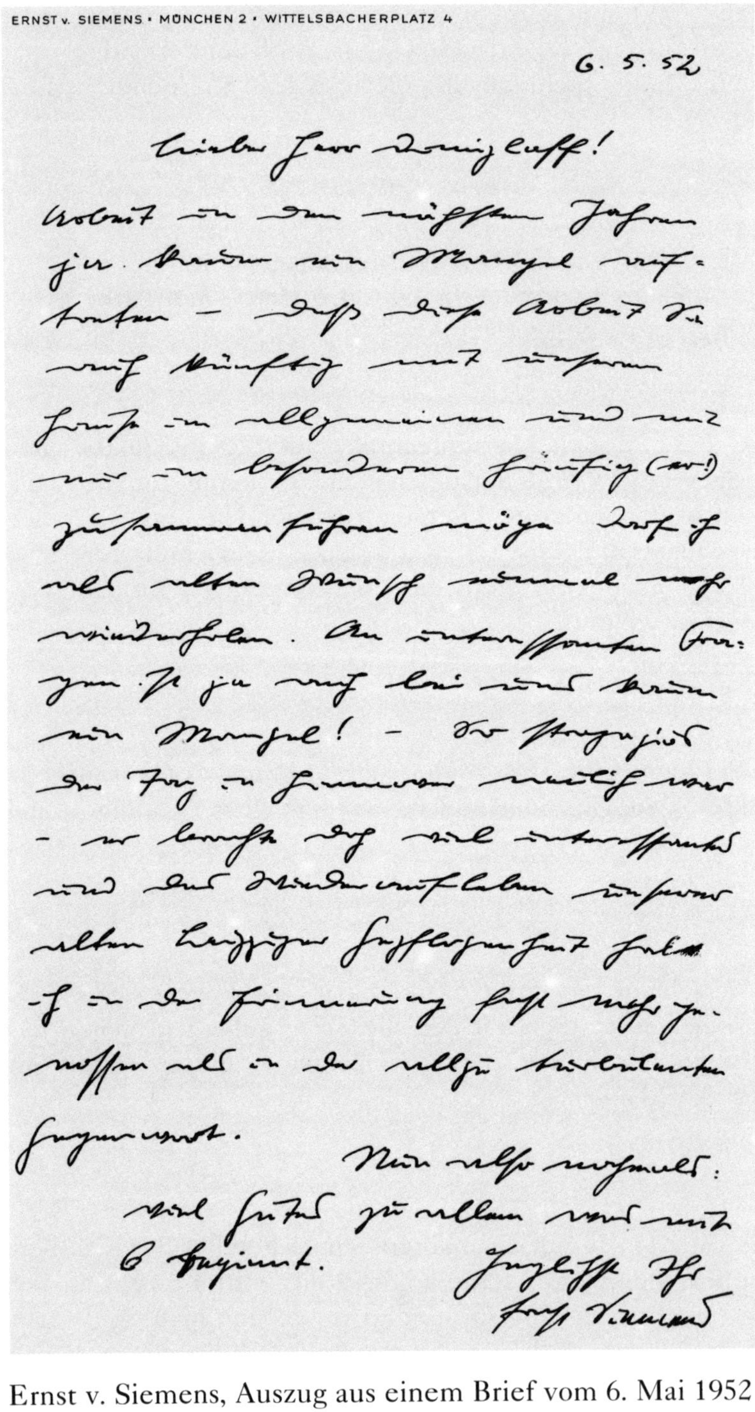

ERNST v. SIEMENS · MÜNCHEN 2 · WITTELSBACHERPLATZ 4

6. 5. 52

Ernst v. Siemens, Auszug aus einem Brief vom 6. Mai 1952

Markentechnik unterscheidet ganz einfach zwischen zwei Denkorganismen, nämlich 1. der Individualpsyche und 2. einer Massenpsyche.

Grundprinzipien

Der psychologische Mechanismus ist ebenso unveränderlich wie die Mechanik der Gestirne. Die Kenntnis seiner automatischen Arbeitsweise ist eigentlich die Voraussetzung für alle Planungen mit Menschen und Menschenmassen.

Analogik

Was tun? Zum Glück beriet das Haus seit langem in Markenfragen eine exzeptionelle Persönlichkeit: Hans Domizlaff. Ihn reizte das Problem und er schlug vor, vom getretenen Pfade völlig abzuweichen. Domizlaff schlug vor, eine Spezialität zu finden, in der wir in der damaligen Situation konkurrenzfähig waren – äußerste Spezialisierung sei ohnehin das Stichwort für jeden Versuch einer mittelgroßen Gesellschaft, auf den internationalen Märkten einen zuverlässigen Anteil zu gewinnen. Nach eingehendem Studium kam man zu der Überzeugung: die Kunstepoche bis zur Zeit Mozarts! So wurde im Oktober 1946 der Beschluß gefaßt, die Archiv Produktion ins Leben zu rufen.

Ernst von Siemens

Die Masse braucht den Glauben an die eigene Initiative. Sie will erst selbst eine Marke anerkennen, an der sie dann wie an ihrem eigenen Erzeugnis oder an ihrer eigenen Entwicklung hängt. Die Marke selbst ist tatsächlich ein Produkt der Masse, in deren Gehirn sie sich als Bestandteil der Vorstellungswelt bilden muß. Man sagt zwar, daß der Markentechniker eine Marke schafft, aber das ist nur eine sprachliche Vereinfachung. Der Markentechniker liefert gewissermaßen nur eine Materialkomposition, die besonders geeignet und verführerisch ist, um von der Masse aufgenommen und zu einer lebendigen Marke auferweckt zu werden.

Eine Idee, die vom Individuum als etwas rein Geistiges registriert und in einem Schubfach bis auf Abruf abgelegt wird, kann in der Massenpsyche ein selbständige Leben gewinnen, das sich dem Bild von millionenfach vermehrten Mikroben als Ideenträger angleicht. Auf dieser Tatsache beruht die Selbständigkeit des Lebens von Marken, die ganz unabhängig vom kritischen Verstand der einzelnen Individuen weiterwachsen können, gleich als ob sie selbst lebende Wesen seien. Der Grund für diese Erscheinung ist offensichtlich die geringe geistige Selbständigkeit des Massengehirns, das noch animalische Eigenschaften zeigt, wie sie das Individuum nur von körperlichen Organen kennt.

Markentechnik

Ich benutze hierfür auch den Ausdruck: Konsonanzzwang, und damit möchte ich eine Macht kennzeichnen, gegen deren Gewaltlosigkeit es keine Opposition, sondern höchstens Gegenminen gleicher Wesenhaftigkeit geben kann.

Imaginäre Vorträge

Die Masse ist immer nur auf die Wellenlänge von Raubtieren eingestellt, unter denen es Löwen, Tiger, Hyänen und Giftschlangen gibt. Wenn ein anständiger Mensch Einfluß gewinnen will, bedarf er einer Ergänzung der Naturbedingungen durch die Kunst der Massenpsychologie.

Nachdenkliche Wanderschaft

Es hat den Anschein, daß es in Demokratien verboten ist, die Würde des einzelnen Menschen zu bezweifeln und auch nur die Möglichkeit seiner Entmündigung durch Vermassung zu diskutieren.

Imaginäre Vorträge

Das Studium der Natur, und dazu gehört auch die menschliche Psyche, ist allein geeignet, statt lebensfremder Konstruktionen natürliche Vorgänge bereinigt zur Geltung zu bringen.

Analogik

Eines der wichtigsten massenpsychologischen Grundgesetze besagt, daß alle Gedanken, sobald sie sich zu Ideen verdichtet haben und später zu Theorien ausreiften, sehr schnell mit aller Brutalität das Bestreben zeigen, Selbstzweck zu werden. Das liegt an der Arbeitsweise des menschlichen Gehirns.

Sozialisierungstod

Die Kenntnis der Massenpsyche und die Fähigkeit, ihre Reaktionen einigermaßen verwertbar vorauszuberechnen, unterscheidet in allen unternehmerischen Bereichen den Herrn vom Untertan.

Imaginäre Vorträge

König der Massenpsychologie, Hans Domizlaff, der Autor des »Brevier für Könige«, wurde 60 Jahre alt. Mit den Firmen Reemtsma und Siemens ist sein Name eng verknüpft. »R 6«, »Senoussi«, »Gelbe Sorte« gehörten zu seinen ersten Schöpfungen. In Egestorf in der Heide steht seine Sternwarte. Und alle Werbefachleute feiern ihn als den Begründer der Markentechnik, der massenpsychologischen, künstlerischen und werbewirksamen Formung von Markenartikeln.

In: stern

Massenpsychologische Triebkräfte haben andere moralische Richtlinien als Menschenfreunde.

Stilunsicherheit der Deutschen

Bei allen Angriffswaffen körperlicher und geistiger Art muß mit dem Zeitpunkt gerechnet werden, an dem sie stumpf werden und keine Wirkung mehr erzwingen lassen. Das beweisen nicht nur die Kampfmittel des Krieges, sondern auch die Mittel geistiger Eroberungen. Mit großer Sicherheit kann gesagt werden, daß die augenblickliche Überschätzung der reinen Überredungskunst mit Hilfe von Schlagworten, Anpreisungen, Beteuerungen und ähnlichen psychischen Zwangsmitteln sehr bald in ihr Gegenteil umschlagen wird. Die unvermeidliche Übermüdung und Abstumpfung der Volksmassen gegen Beeinflussungsmittel einer offensichtlichen Propaganda ist bereits sehr deutlich. Markentechnische Fragen bedingen eine Rückkehr zu den Fragen eines echten Leistungsnachweises, denn ehrliche Leistungen bilden den zuverlässigen und unversiegbaren Born neuer Werbeideen und neuer Beeinflussungsmittel für die Massenpsyche.

Klimainsel Lüneburg

Die fürchterlichste Psychose unserer Zeit wird durch die Gleichmacherei gekennzeichnet.

Imaginäre Vorträge

Die menschliche Psyche ist wohl in geschichtlichen Zeiten annähernd die gleiche geblieben. Ebenso gibt es eine große Anzahl unveränderlicher Gesetze der menschlichen Entwicklung; aber das äußere Bild des Lebens und die darauf wirkenden Reizmittel stehen in ewigem Wechsel. Diese Erkenntnis ist die Grundlage der Markentechnik.

Klimainsel Lüneburg

Wenn jemand glaubt, in der Vergangenheit Musterbeispiele für Erfolgsgrundlagen finden zu können, dann mag ihm gesagt sein, daß eine wirklich erfolgreich gewesene Methode fast immer unwiederholbar ist. In jeder Art körperlichen oder geistigen Wettkampfes ist der Erfinder neuer Kampfmittel gegenüber den praktischen Erfahrungen in der Vergangenheit stets im Vorteil.

Klimainsel Lüneburg

Die Wirkungsmittel der Markentechnik sind allzu undurchsichtig und unerklärbar, um eine größere Zahl von Anhängern begeistern und zum Mittun veranlassen zu können.

Erste Schritte

Der Markentechniker ist ein Minister am Hofe des Unternehmertums. Er kann vielleicht Premierminister werden, aber kaum jemals selbst Unternehmer. Die für ihn wichtige Feinfühligkeit anderen Menschen gegenüber läßt sich nicht mit der einseitigen

Energie des echten Unternehmertums vereinigen. Für die Natur des echten Unternehmers ist er die denkbar beste Ergänzung.

Unternehmertum

Für den Markentechniker ist es stets wichtig, darin klar zu unterscheiden und festzustellen, wo der Unternehmer echtes Lebensblut spendet, und wo die suggestive Kraft versagen wird. Unternehmer wissen sehr oft selber nicht ...

Unternehmertum

Der Markentechniker liefert die geistigen Waffen zur Eroberung. Am zuverlässigsten und zielsichersten sind hierbei die Hilfsmittel zur Gewinnung eines öffentlichen Vertrauens, denn sie allein vermögen eine Eroberung in einen beständigen Besitz mit eigenem selbständigen Leben zu verwandeln.

Unternehmertum

Das Reich der Untertanen besteht nicht nur aus dem vom Unternehmer bezahlten Angestellten und Arbeitern, sondern weiterhin – und zwar weniger sichtbar aber ähnlich wirksam – auch aus den Lieferanten und oft auch aus den unmerklich abhängig gewordenen Kunden und Verbrauchern.

Unternehmertum

Die Technik der Durchbildung und Darstellung von Fetischen aus Fleisch und Blut, die eine zweckdienliche Massenpsyche zu binden vermögen, gehört in Ihr Fachgebiet, sei es für markentechnische Anhaltspunkte des öffentlichen Vertrauens oder sei es unmittelbar für die Ausgestaltung eines günstigen Konsonanzzwanges; dann aber dürfen es eben keine primitiven Fetische sein, sondern echte Katalysatoren, die zu ihrer Fetischwirkung auch ein zielsicheres Können mitbringen.

Imaginäre Vorträge

Die Kunst der Erzeugung eines zuverlässigen Markenvertrauens ist nicht nur innerhalb der Weltwirtschaft für den Wettbewerb in Leistungssteigerungen und der Ideenauslese von größter

Wichtigkeit, sondern zugleich auch für die Selbstbehauptung großer Gemeinschaften der Politik, der Wissenschaften und der Kultur gegen den Ansturm einer strukturlosen Flut rationalistischer Entartungen. Leider ist diese schwerwiegende Tatsache fast unbekannt.

Markentechnik

Hans Domizlaff. Wer ist das? Die jüngeren fragen es – die älteren erinnern sich. Domizlaff war ein Stilist. Zugleich war er wohl der letzte große Massenpsychologe, den es in Deutschland gab. Das volkspsychologische Problem war es, das ihn bis zu seinem Tode beschäftige.

In: Marketing Journal

Das geplante Werbeinstitut bedarf also einer Erweiterung, die sich mit Ganzheitsfragen beschäftigt und ehrliche Angebote ausarbeitet, die der öffentlichen Meinung über Propagandaangebote hinaus nützlich sind.

Erste Schritte

Vor der Planung von Werbefeldzügen für die Kirche ist es unabdingbar, erst einmal mit unerbittlicher Nüchternheit und härtester Selbstkritik sich darüber klar zu werden, ob denn Inhalt und Aufmachung des bisherigen kirchlichen Angebots in der gegenwärtigen Anschauungsweise des Publikums überhaupt noch Verständnis und Resonanzmöglichkeiten zu finden vermögen. Nur bei vorbehaltloser Bejahung dieser Frage läßt sich ein Aufwand an Publikationsmitteln rechtfertigen, der einen Dauererfolg erwarten läßt. Außerdem darf man nicht vergessen, daß jede Art dringlicher Anpreisung sich sofort tödlich auswirkt, sobald sie für Angebote eintritt, die in der öffentlichen Meinung bereits als untauglich, veraltet oder gar betrügerisch verdächtigt werden. Eine Mißachtung gegen dieses massenpsychologische Gesetz würde das Ende des kirchlichen Einflusses in der Welt ungemein beschleunigen.

Religiöse Phänomene

Am Ende dieses markentechnischen Entwurfs für die Stadt Lüneburg mag daher nur das Grundprinzip wiederholt werden: Konzentrierung auf einen einzigen Gedanken einer Leistung, die konkurrenzlos ist und einem wirklich bestehenden Bedarf entspricht, und das ist in dem hier behandelten Fall ein Kurort mit sommerlichen Annehmlichkeiten mitten im Winter: Die Klima-Insel.

Klimainsel Lüneburg

Eine Zeitung verteidigt eine Ansicht pro domo. Das Grundgesetz der Markentechnik, das auch bei Zeitungen absolute Gültigkeit besitzt, verlangt eine vollkommene Trennung zwischen der Zeitung selbst und ihren Erzeugern. Nicht der Verleger und nicht der Herausgeber und nicht einmal im eigentlichen Sinne die Redaktion, sondern nur die Zeitung selbst hat ihr Gesicht zu wahren. Sobald hinter der Zeitung gewissermaßen der Kopf des Fabrikanten auftaucht, verliert sie ihren Markencharakter. Interessantheit bedeutet ja bei einer Zeitung dasselbe wie bei einer Schokoladenmarke die Warenqualität. Eine Marke muß des Persönlichen entkleidet sein, ganz gleichgültig, ob es sich um eine Zeitung oder um eine Schokoladenmarke oder um eine Cigarettenmarke handelt.

In einem Brief an Hermann Ullstein

Ich und mein Tun

Hans Domizlaff wird 60: Seine grundlegenden Werke füllen eine Bibliothek.

In: Die Zeit

In Büchern und Träumereien war ich schon als Junge auf allen Meeren gesegelt.

Nachdenkliche Wanderschaft

Während meiner Schulzeit glaubten die Lehrer in mir eine gewisse mathematische Begabung feststellen zu können. Tatsächlich glänzte ich – sofern überhaupt erwähnenswert – bis zum Abitur nur in Mathematik, Physik und Religionskenntnissen.

Naiv

Damals war ich etwa 15 Jahre alt, und der Meister, ein alter Malerprofessor, war 85. Er betonte eindringlich die musische Notwendigkeit, an allen Objekten der erschaubaren Welt einen ganz persönlichen Anteil zu nehmen. Um mir das begreiflich zu machen, wanderten wir häufig gemeinsam durch die Straßen der Stadt Leipzig und beobachteten die Menschen vor den Schaufenstern, in den Kaffeehäusern und bei ihren Hantierungen im Zusammenhang mit der jeweiligen Umgebung. An Kleidung, Bewegungen, Stimmungsmerkmalen und vielen anderen optischen Komponenten sollte ich detektivisch ganze Romane ablesen lernen. Durch hartnäckiges Verfolgen ausgewählter Studienobjekte – wir begegneten ihnen mehrfach an verschiedenen Tagen zur gleichen Stunde – gewannen wir mancherlei Bestätigungen.

Bäume, Baulichkeiten oder Geräte ließen menschliche Beziehungen in immer neuen Zusammenhängen mit einer Art Bühnensprache verspüren. Auf diese Weise übertrug er auf mich aus seinem gewaltigen Vorrat an bildhaften Kompositionselementen viele Anhaltspunkte für Resonanzerlebnisse, so daß ich allmählich mehr und mehr seelisch wirksame Wesenhaftigkeiten erfassen konnte.

Testament

Obwohl die Analogik für mich selbst eine Begleiterscheinung des Bewußtseins einer echten Erkenntnis im unnennbaren Sinne ist, erhoffe ich ihren Publikationswert nur für ihre nüchternste wissenschaftliche Brauchbarkeit. Damit verbinde ich allerdings die Überzeugung, eine unserer Zeit gemäße erkenntnistheoretische Grundlage dargelegt zu haben, ohne mit dem zugehörigen Wort »Philosophie« eine echte Offenbarungsmöglichkeit einzubeziehen.

Analogik

Ich kann nur einem einzelnen dienen und niemals einem Gremium.

In einem Brief an Hermann Ullstein

Etre dépendant, c'est bourgeois. Ich wollte ein Einzelgänger bleiben wie meine mütterlichen Vorfahren, die Marschbauern.

Nachdenkliche Wanderschaft

Aus meinen Veröffentlichungen lassen sich mühelos Sätze herausfischen, die sich mit der Voraussetzung bösen Willens bedrohlich interpretieren lassen.

Erste Schritte

Mein persönliches Hauptanliegen ist die Stärkung der Denkselbständigkeit und damit des Erkennens aller Ideenorganismen, Psychosen und propagandistischen Einseitigkeiten, die uns entmündigen wollen.

Seele des Staates

Eine Gerade, die im Endpunkt eines Radius eine Tangente bildet, kann bei einem Umlauf um den Kreismittelpunkt niemals zum Durchmesser eines Kreises parallel werden. Auch die Kreisbeschreibung eines Radius und damit die Peripherie müssen gestückelt aufgefaßt werden, aber mit dieser Stückelung liegt eine andere Art Maßeinheit zugrunde, als beim Ruhebegriff von Parallelen. Erst lange Zeit nach meinen naiven Überlegungen erfuhr ich, daß auch die anerkannte Wissenschaft zu der Überlegung einer Endlichkeit des Kosmos gekommen ist.

Naiv

Es gibt gerade heute unzweifelhaft wirtschaftlich sehr erfolgreiche Leute, die ich nicht gern mit der Feuerzange anfassen möchte.

Ethik im Werbefach

Das Kraftvolle dieses Mannes spürt jeder, der in den Stromkreis seiner Persönlichkeit tritt. Aus Frankfurt am Main hat er Blutströme, die nach Pommern und Helgoland ausstrahlen. In Hamburg schlug er Wurzeln. Wer einmal das Glück hatte, sein Gesprächspartner zu sein, kam auch am frühen Morgen nicht zur Ruhe, so versteht er es, Geist, Nerven und Blut der Menschen durcheinanderzuwirbeln.

In: Hamburger Abendblatt

Ich weiß jedoch das eine: daß ich auch dann ein Deutscher bin, und daß ich mich auch dann schutzbedürftig in den Gedanken an eine deutsche Weltmission eingeordnet fühle, wenn ich mit einseitiger Konzentration an die Möglichkeit denke, einen Beitrag zur Erforschung einer kriegsentbehrlichen Leistungsaufteilung der Völker untereinander zu liefern.

Es geht um Deutschland

Sich mit wichtigen Problemen auseinandersetzen, naturwissenschaftliche Forschungen betreiben, Regungen der menschlichen Wesensart nachspüren, irgendwelche Dinge oder Vorgänge künstlerisch gestalten, in einem feingliedrigen Organismus geistiger Arbeit eingeordnet sein und einen harmonischen Zusammenhang unterschiedlicher Denkselbständigkeit erleben, das wäre so ungefähr das Ideal meiner »triebbedingten« Weltanschauung.

Es geht um Deutschland

Trotz meiner Abneigung gegen jede Art von Öffentlichkeit werde ich vielleicht doch noch einmal den Versuch unternehmen, einige Mutmaßungen über die Weiterentwicklung im 20. Jhd. zu Papier zu bringen.

In einem Brief an von der Schulenburg

Die Belebung der Naturschutzbewegung ging mich besonders an, weil ich von einer Regenerationsmöglichkeit der Menschen durch die Natur überzeugt bin.

Imaginäre Vorträge

Am aktivsten auf Abwehrstellung gegen jede militärische Nutzung der Lüneburger Heide blieb noch der industrieverbundene Werbeberater von Reemtsma und Siemens, Hans Domizlaff, dem die Heide eine Naturnotwendigkeit, eine »Kraftquelle der Seele« ist. Den 58jährigen Natur- und Kunstfreund verfolgt seit Jahren die Zwangsvorstellung wie ein zweites Gericht, daß es eines Tags auch mit dem letzten Ursprünglichkeitsreservat am Wilseder Berg zu Ende ist.

In: Der Spiegel

Ich betrachte mich auf eigenwillige Weise als Psychologe, der außerhalb des Wettbewerbs steht. Politische Meinungen bedeuten für mich ausschließlich massenpsychologisches Erfahrungsmaterial, das ich ohne eigene Anteilnahme zu erforschen suche. Ich gehe nicht davon aus, wie der Mensch sein soll, sondern wie er offensichtlich unabänderlich seit Jahrtausenden beschaffen ist.

Sozialisierungstod

Mein Metier ist Publikumskunde, also Massenpsychologie.

Imaginäre Vorträge

Ich möchte nochmals formulieren: es gibt keine richtige Befriedigung und keine geistigen Geschenke der Götter ohne ein uneigennütziges Verliebtsein und ohne die daraus zu folgernde idealistische Ethik. Das gilt für unsere Heimat, das gilt für das Verhältnis von Mann und Frau und das gilt für den Beruf.

Ethik im Werbefach

Weiterhin möchte ich betonen, daß ich kein Nationalsozialist bin, und daß ich keineswegs in dieser Richtung politisch tätig zu sein wünsche. Aber: Bewegungen sind für mich immer primär. Blutschwingungen im Körper des Volkes sind für mich Voraussetzungen und nur innerhalb solcher quasi unvernünftigen Triebwelt versuche ich zweckdienlich zu dirigieren.

In einem Brief an Hermann Ullstein

Mein Wunschtraum bestand von jeher in einem wissenschaftlich abgeschirmten Dasein zur Erforschung seelischer Regungen.

Dekanatsreferat

So bin ich in der peinlichen Lage, vielfach gar nicht mehr zu wissen, aus welcher Literatur oder aus welchen persönlichen Erfahrungen eigentlich diese oder jene von mir bekundete Anschauungsweise stammt.

Imaginäre Vorträge

Die Unnachdenklichkeit des künstlerischen Schaffens war mir anscheinend versagt.

Nachdenkliche Wanderschaft

Unsere Sehnsucht nach einer Beendigung der sozialpolitischen Krise ist von einer göttlichen Schau aus wahrscheinlich unsinnig oder kindisch, aber sie ist uns nun einmal eingegeben, und alle Überlegungen beruhen auf diesem Verlangen. Immerhin besteht bei den Lösungsversuchen ein gewaltiger Unterschied darin, ob

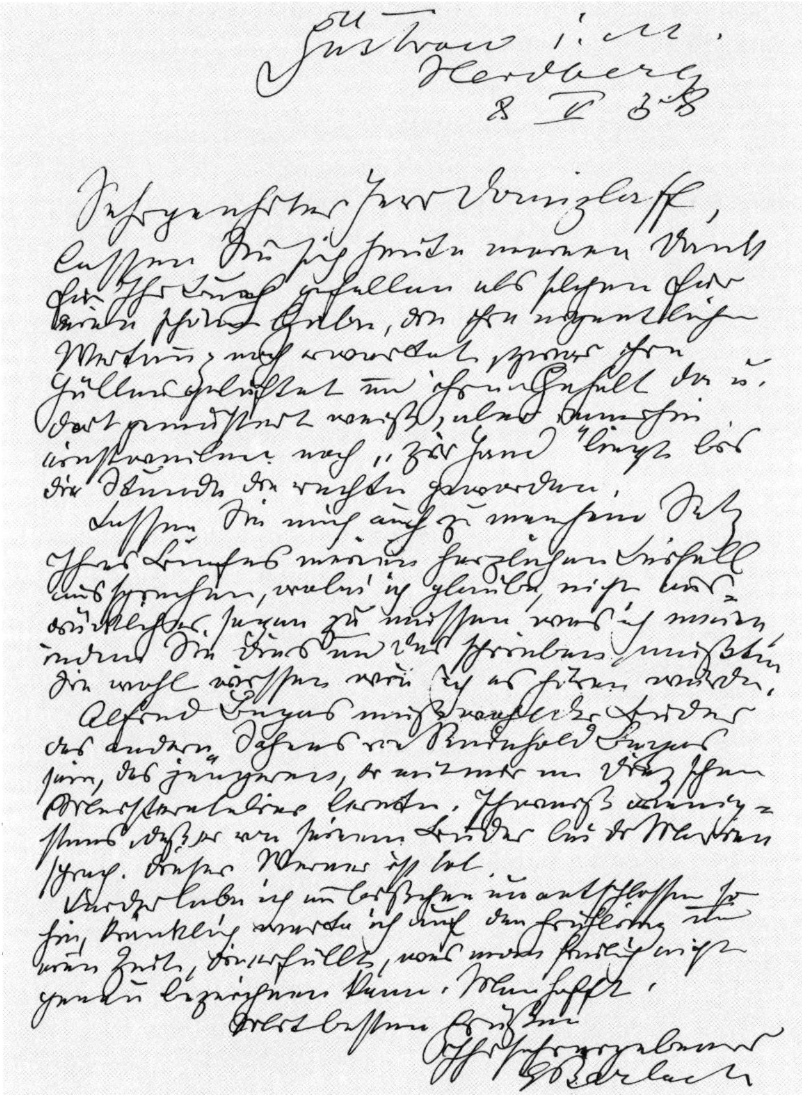

Güstrow i. M.
Heidberg
8 V 38

Sehr geehrter Herr Domizlaff,
lassen Sie sich heute meinen Dank
für Ihr Buch gefallen [illegible]
[illegible]
[illegible]
[illegible]
[illegible]
[illegible]
die Stunde der rechten [illegible] geworden.
Lassen Sie mich auch zu meinem Teil
Ihrer [illegible] meinen herzlichen Beifall
aussprechen, [illegible] ich glaube, [illegible]
[illegible] zu müssen [illegible]
[illegible]
[illegible]
Alfred [illegible] Bruder
des andern, [illegible]
[illegible]
[illegible]
[illegible]
[illegible] Dieser Mann ist tot.
[illegible]
[illegible]
[illegible]
[illegible]
[illegible]
Ihr sehr ergebener
E Barlach

ich mit der Annahme meiner selbständigen Vernünftigkeit munter darauf los lebe oder ob ich mir meiner Gebundenheit bewußt bin und mit selbstkritischen Beobachtungen auf eine klügliche Anpassung an die Rahmengesetzgebung der Natur achte.

Es geht um Deutschland

Sehr geehrter Herr Domizlaff,

Daß ich anscheinend so flott Ihre Selbstbescheidung, nicht mehr als Künstler zu sprechen, gelten lasse, sehen Sie mir bitte nach – bei gegebener Gelegenheit stehen Sie mir ja doch zunächst als Kunstfreund gegenüber, wenn auch als solcher von besonderer Art.

Aus dem Briefwechsel mit Ernst Barlach

Immer wieder werden große Segler gegen einen harten SW den westlichen Kanalausgang zu erzwingen suchen, und dann in langen Schlägen nach der Linie streben. Wie schön sind die Nächte im Passat, dessen Name unser Großsegler trägt. Das Wasser rauscht vor dem Steven, das Meeresleuchten zeichnet das Kielwasser, zwischen den leichten Passatwolken glitzern die Sterne. Gleichmäßig hebt und senkt sich der Leib des Schiffes, die gewaltigen Türme aus Segeltuch neigen sich bei jedem wechselnden Hauch des stetigen Windes und während der warmen nächtlichen Stunden wird die Seele der »Passat« in Träumen Wirklichkeit, die von ihrer Unvergänglichkeit erzählen.

Passat

Ich habe mit sehr eingehenden Untersuchungen und Experimenten die Anschauungsweise zu ermitteln versucht, die in der heutigen Zeit eine höhere Menschlichkeit, ein innerliches Herrentum und eine von allem Hochmut befreite sittliche Überlegenheit charakterisiert.

Seele des Staates

Ich bin in meinem Leben immer sehr viel allein gewesen.

Quellen

Im Buch herangezogene Quellen sind alphabetisch geordnet und kommentiert

Analogik

Die umfangreiche Arbeit nennt Domizlaff »mein Lebenswerk«. Das Buch enthält seine Lehre vom kompositorischen Gestaltwillen der Natur und von der Rolle menschlichen Handelns beim Bilden von Wirklichkeit. Dies ist die dritte und letzte Fassung seiner »Anschauung«. Das Werk läßt ahnen, woher die gestalterischen Tagesaktivitäten des Praktikers Domizlaff ihre seelischen Kräfte bezogen.

Analogik; Denkgesetzliche Grundlagen der naturwissenschaftlichen Forschung. Wolfgang Krüger Verlag, Hamburg 1946, 487 S. (vergriffen).

Archiv Produktion

Zum 25jährigen Jubiläum ihres Beginns (1947) veranstaltete die Archiv Produktion ein Symposion, auf dem u.a. Ernst v. Siemens eine Gedenkrede hielt. In der Broschüre wird ein Exposé abgedruckt, in dem Domizlaff seine Konzeption von Marke auch für dieses Musikvorhaben deutlich macht: Kein Starkult, sondern Dienst am Werk!

Archiv Produktion, Polydor International, Hamburg 1972, 33 S. (vergriffen).

Bekenntnisse eines Malers

Im Nachlaß gefunden. Die Blaupapier-Durchschrift trägt die handschriftliche Titelergänzung »1. Band – Grundlagen – Entwurf einer Anschauung«. Der etwa Zwanzigjährige formuliert zum ersten Mal seine Weltsicht – während eines Genesungsaufenthaltes im Krankenhaus, nachdem er als Pilot einen selbstverschuldeten Flugzeugabsturz überlebt hat.

Betrachtungen eines Malers. 1. Band, Grundlagen (Entwurf einer Anschauung), 126 S., o.J., wahrscheinlich 1915; ein 2. Band ist damals wohl nicht geschrieben worden (unveröffentlicht).

Berliner Morgenpost

Eine von zahlreichen Besprechungen der »Propagandamittel der Staatsidee« in der Presse der Weimarer Republik; am 26. Juli 1932.

Börsenblatt des deutschen Buchhandels

Das Blatt macht am 5. Februar 1952 seine Leser auf »Die Gewinnung des öffentlichen Vertrauens« aufmerksam.

Brevier für Könige

Als nach dem Tode des von ihm vielfach beratenen Carl Friedrich von Siemens das große Industrieunternehmen auf dessen Sohn Ernst übergeht, schreibt Domizlaff für den jungen Nachfolger das »Brevier für Könige«. Ein Meister der Massenseele lehrt darin seinen Schüler die unerbittlichen Wahrheiten des erfolgreichen Führens. Daher das »Du« der direkten Anrede. Ernst von Siemens gewidmet.

Brevier für Könige; Massenpsychologisches Praktikum. 1. Auflage: Hans Dulk Verlag, Hamburg 1952, 292 S. (vergriffen); 2. Auflage: Verlag Institut für Markentechnik, Hamburg 1968, 290 S. (vergriffen).

Briefe und Briefwechsel

Im Nachlaß finden sich Briefe eines großen Freundeskreises, den man, salopp, als von Hans Albers bis zu Helmuth Zacharias reichend beschreiben kann. Zu den hier veröffentlichten Briefen einige Erläuterungen:

Ernst Barlach:
Zum Zeitpunkt des Briefwechsels (1938) war Barlachs Werk von den kulturpolitischen Behörden bereits als undeutsche Kunst geächtet worden. Die Verbindung kam im Hause Reemtsma zustande. Im Nachlaß, mit einem weiteren Brief.

Dr. Heinrich Brüning:

Mit dem Reichskanzler der Weimarer Republik (1930-32) hatte Hans Domizlaff 1932 Gespräche über seine »Propagandamittel der Staatsidee«. Der emigrierte Dr. Brüning hat aus den USA den Kontakt nach dem Kriege wieder aufleben lassen. Im Nachlaß, mit weiteren Briefen.

Thomas Dehler:

Ob es zu der Begegnung mit dem FDP-Vorsitzenden gekommen ist, ist nicht bekannt.

Prof. Dr. Franz Eulenburg:

Väterlicher Geistes-Freund, Professor der Nationalökonomie in Leipzig, später in Berlin; Eulenburg und Ferdinand Tönnies, Großonkel Hans Domizlaffs, kannten sich gut; Brief vom 8. November 1925; im Nachlaß; dort weitere Briefe.

Prinz Friedrich Christian Herzog zu Sachsen, Markgraf von Meissen:

Die Verbindung zog sich über viele Jahre hin. Aus dem Nachlaß, mit weiteren, betont familiären Briefen.

Herbert von Karajan:

Die Beziehung zwischen den beiden Männer war von gegenseitiger Ehrfurcht gekennzeichnet. Domizlaff hatte dem Dirigenten zu seiner Yacht verholfen. Er war am Schiff von Karajans symbolisch mit 1,– DM beteiligt. Der Brief an Domizlaff stammt von der ersten Reise der NEREIDE. Im Nachlaß, mit weiteren Briefen.

Max Klinger:

Domizlaff hatte bei dem Meister in Leipzig gelernt. Er wollte Klinger portraitieren, dieser lehnte mit seinem Brief vom 14. März 1920 jedoch ab; er starb am 4. Juli 1920. Im Nachlaß.

Judith Lessing:

Mit der emigrierten Tochter des jüdischen Schriftstellers Theodor Lessing fand nach dem Kriege ein reger Briefwechsel statt.

Max Schmeling:

Domizlaff hatte den jungen Max Schmeling werbetechnisch beraten, insbesondere über dessen Berliner Manager Arthur Bülow. Domizlaff hörte auf der Dirk II in einem norwegischen

Fjord die Reportage aus New York vom verlorenen Weltmeisterschaftskampf. Weitere Briefe im Nachlaß.

von der Schulenburg:
Ein bislang nicht weiter bekannter Briefpartner; das Schreiben beantwortet eine briefliche Reaktion von Schulenburgs auf einen Artikel Domizlaffs in der Vossischen Zeitung.

Ernst von Siemens:
Im Nachlaß mehrere Briefe der Familie von Siemens (s. auch Archiv Produktion).

Axel Springer:
Der Hamburger Verleger hatte ein persönlich zu nennendes Verhältnis zu Hans Domizlaff. Der Briefwechsel setzt sich nach dem Tode von Domizlaff auch mit Frau Domizlaff fort. Im Nachlaß weitere Briefe.

Hermann Ullstein:
Hans Domizlaff stand in einem freundschaftlichen Beraterverhältnis zu Hermann Ullstein. Ullstein teilte seine Sorgen um die stilistische Unanschaulichkeit des republikanischen Staates. Zur geplanten Zusammenarbeit ist es wegen der nationalsozialistischen Diktatur nicht mehr gekommen. Aus dem Nachlaß; dort weitere Briefe.

Capital

Das Wirtschaftsmagazin widmet im Januar 1971 Hans Domizlaff einen Artikel.

Dekanatsreferat

Auch die Evangelische Kirche bittet Domizlaff um Rat. Seine markentechnische Empfehlung: Nicht dekorative Reklame, sondern andere Priester braucht die Religion.

Referat auf der Tagung der Dekanatsobmänner für Öffentlichkeitsarbeit der Evangelischen Kirche in Hessen und Nassau im Dominikanerkloster zu Frankfurt/Main; 1965, 23 S., mit einem Anhang (unveröffentlicht).

Denkschrift

Ein Plädoyer für die steuerrechtliche Anerkennung des Berufes eines »Markentechnikers«, dem Finanzamt in Hamburg-Blankenese zugewidmet. Domizlaff kämpft für die pauschale Absetzungsfähigkeit seiner vielfachen Versuchsanlagen und musisch-denkerischen Vorbereitungsarbeiten.

Denkschrift zur Darstellung des bis dato offensichtlich noch nicht amtsnotorischen Berufes eines Markentechnikers. 18 S., o.J. (unveröffentlicht).

Der Consultant

Anläßlich der Neuedition bespricht der Informationsdienst aus der Schweiz »Die Gewinnung des öffentlichen Vertrauens« im März 1984.

Der Deutsche Volkswirt

Zeitung populärwissenschaftlichen Charakters; am 15. November 1940 bespricht sie »Die Gewinnung des öffentlichen Vertrauens«.

Der Paternoster

Die aus Hamburg stammende Hauszeitschrift des Unilever-Konzerns bespricht im Februar 1951 »Brevier für Könige«.

Der Spiegel

In seiner Ausgabe vom 1. Juni 1950 schildert das Hamburger Nachrichtenmagazin ausführlich die jahrelangen, auch persönlich nicht ungefährlichen Kämpfe Domizlaffs erst gegen die deutsche Wehrmacht, dann gegen die British Army, die die Heide als Militärgelände nutzen wollten. Gegen Goering konnte er sich durchsetzen, gegen die Sieger nicht.

Der Tag

Berliner Tageszeitung der Weimarer Republik. Besprechung der »Propagandamittel der Staatsidee« am 14. Januar 1933; am 30. Januar wird Adolf Hitler zum Reichskanzler ernannt.

Die Weltbühne

Die bewegte Geschichte dieser »Wochenschrift für Kunst, Literatur, Wirtschaft« läßt sie im SED-Staat zum intellektuellen kommunistischen Kampfblatt werden. Unter der Überschrift »Mob-Plan für Unternehmer« setzt man sich anonym mit Hans Domizlaff und seinen Gedanken auseinander. Der Artikel liest sich aus heutiger Erfahrung als Bestätigung der Domizlaff'schen Massenpsychologie.

Die Zeit

Die Hamburger Wochenzeitschrift widmet Hans Domizlaff verschiedentlich Beiträge, so zum 60. Geburtstag im Mai 1952.

Dirk III

Das Buch schildert Fahrten mit seiner Hochseeyacht Dirk III in die nördliche Nordsee, um Skagen und durch die Ostsee. Das großformatige Werk enthält zahlreiche Photographien, war ein großer Publikumserfolg mit mehreren Auflagen und wurde 1937 ins Englische übersetzt. Es machte Hans Domizlaff als Segelschriftsteller berühmt.

Dirk III; Bilder und Gedanken aus der Welt des Fahrtenseglers. Verlag Klasing & Co., Berlin 1934, 282 S. (vergriffen).

Drachensaat

Ein Manuskript im Nachlaß. Während der Aufregungen um »Entnazifizierung« und »Reeducation« der Besatzungszeit plädiert Domizlaff gegen die Kollektivschuld (»Massen sind unschuldig«) und mahnt, man solle nicht richten, sondern heilen. Der europäische Reichsbegriff wäre eine Zukunftsorientierung – wenn er denn mehr wird als ein Konzept für wirtschaftliche Wohlfahrt.

Die Drachensaat; Der Versuch einer massenpsychologischen Aufklärung. Maschinenschrift, 55 S., o.J., ca. 1945/46 (unveröffentlicht).

Erste Schritte

Domizlaff beschäftigt unablässig der Plan für eine Akademie, in der jene Deutsche versammelt werden sollen, die über allem parteipolitischen Streit staatsbildende Verantwortung zu übernehmen bereit sind. In zunehmender Vereinsamung baut er Zimmer um Zimmer an seinen Heidehof, um dieser Akademie einst eine Heimstatt zu bieten.

Die ersten Schritte; Vertrauliche Vorschläge zur Verteidigung des privatwirtschaftlichen Unternehmertums. 55 S., o.J. (unveröffentlicht).

Es geht um Deutschland

Die Arbeit ist eine nüchterne Anwendung massenpsychologischer und markentechnischer Gedanken auf das Gemeinwesen Deutschland. Durch seine sozialpolitische Konkretheit ruft es sowohl in der politischen Linken wie auch bei den Unternehmerverbänden erhebliche Aufregung hervor.

Es geht um Deutschland; Massenpsychologische Stichworte für eine sozialpolitische Reform. Hans Dulk Verlag, Hamburg 1952, 354 S. (vergriffen).

Ethik im Werbefach

Vor Studenten und Lehrern der Werbefachschule in Hamburg erläutert Domizlaff seine Berufsauffassung. Dem Schema von der »freien« und der »angewandten« Kunst setzt er sein Konzept einer der Markengestalt zu lebendiger Anschauung verhelfenden dienenden Werbung.

Ethik im Werbefach. Festvortrag zum zehnjährigen Bestehen der Werbefachschule Hamburg, 14. September 1956; Erstveröffentlichung im Rahmen der Schriftenreihe des Werbefachverband Hamburg/Schleswig-Holstein e.V., Hamburg, o.J.; neuerlich veröffentlich im Marketing Journal, Hamburg 1991, Heft 4, S. 288-290, 292-293.

Festschrift

Dr. Paul W. Meyer, heute Prof.em. der Universität Augsburg, veröffentlicht 1967 eine eindrucksvolle Festschrift zum 75. Geburtstag von Hans Domizlaff. Abgesehen von der weltweiten

Gratulantenrunde, die der Herausgeber in dem Buch versammelt, stellt es die erste und bisher einzige Würdigung des Domizlaff'schen Werkes aus dem Bereich der Wissenschaften dar. Prof. Ernest Dale formuliert in seinem Beitrag die abgedruckte Charakterisierung.

Begegnungen mit Hans Domizlaff; Festschrift zu seinem 75. Geburtstag; herausgegeben von Paul W. Meyer. Verlag Wirtschaft und Werbung, Essen 1967, 154 S. (vergriffen).

Frankfurter Allgemeine Zeitung

Am 9. Mai 1967 gratuliert die FAZ Hans Domizlaff in einem Artikel zum 75. Geburtstag.

Gewerkschaftliche Monatshefte

Zentralorgan der deutschen Gewerkschaftsbewegung; zuständig für theoretische, grundsätzliche Fragen, vor allem für Mitglieder und Funktionäre. Nicht immer sind die Besprechungen der »Linken« so sachlich: »Brevier für Könige«, März 1951.

Größeres Vaterland

Noch ganz unter dem Eindruck der verwüstenden Völkerschlacht schreibt Domizlaff 1946 sein weltbürgerliches Credo: Ein emphatischer Text gegen die Dummheiten des Nationalismus und den patriotischen Wahn jedweder Provenienz.

Das größere Vaterland; Ein Aufruf an die Intellektuellen. Wolfgang Krüger Verlag, Hamburg 1946, 28 S. (vergriffen).

Grundprinzipien

Immer wieder entwirft er Skizzen seiner markentechnischen Beobachtungen und verdichtet sie zur Lehre mit Ge- und besonders auch Verboten; diesmal an Beispielen wie Ford und Porsche. Im Nachlaß.

Die Grundprinzipien der Markentechnik. 11 S., o.J. (unveröffentlicht).

Hamburger Abendblatt

Die Hamburger Tageszeitung portraitiert Hans Domizlaff in ihrer Rubrik »Menschlich gesehen« am 18. Dezember 1951.

Hamburger Anzeiger

Die Tageszeitung bespricht im Oktober 1955 eine Domizlaff'sche Dichterlesung.

Idealisten

Das Stück spielt in einer Weinstube einer mitteldeutschen Großstadt, Inflationsjahre, Novemberstimmung. Seine Theaterarbeit in Leipzig hatte den jungen Domizlaff massenpsychologisch viel gelehrt. Die Kontrastierung in unterschiedliche dramatis personae ermöglicht es dem Sechzigjährigen, seine weltbürgerliche Ethik im »Helden« Herbert noch einmal rein zu verkörpern. Das Zitat stammt aus dem Prolog des Stückes.

Idealisten; Eine schauspielerische Darstellung seelischer Gemeinschaftskräfte. Hans Dulk Verlag, Hamburg 1953, 112 S. (vergriffen).

Imaginäre Vorträge

Unter dem Titel »Denkfehler. Imaginäre Vorträge« publiziert Domizlaff als 72jähriger eine Art Symposion, das er mit einigen für das Gemeinwesen bedeutsamen Berufsvertretern in Gedanken veranstaltet. Er richtet sich an die Pädagogen, die Priester, die Ärzte, die Politiker und die Regierenden und entwickelt ihnen gegenüber nochmals jene Auffassungen, die seinen Humanismus kennzeichnen: Sorgfältiges Studium der Massenprozesse soll produktives Zusammenleben zwischen Ungleichen ermöglichen und schöpferische Denkselbständigkeit fördern.

Denkfehler; Imaginäre Vorträge. Verlag Institut für Markentechnik, Hamburg 1964, 383 S. (vergriffen).

Internationale Mathematische Nachrichten

Das seit 1952 herausgegebene Fachblatt der Österreichischen Mathematischen Gesellschaft widmet der »Theorie der Versuchsvorschriften der Wahrscheinlichkeitsrechnung« der Autoren

Tornier/Domizlaff eine Besprechung. Der Mathematik-Professor Tornier hatte in Gesprächen mit Domizlaff neue gedankliche Deutungsmuster rechnerischer Operationen kennengelernt.

Klimainsel Lüneburg

Als nachbarlicher Heidebewohner und Vorsitzender des Vereins Naturschutzpark entspricht er gerne der Bitte, die alte Handels- und Hansestadt Lüneburg entwicklungspolitisch zu beraten. Ein erster Versuch, Stadtentwicklung als Markenbildung zu betreiben.

Die Klima-Insel; Propagandistische Überlegungen zur Ausgestaltung des Solbades Lüneburg. Maschinenmanuskript, 28 S., o.J.; im Nachlaß (unveröffentlicht).

Leipziger Neueste Nachrichten

Am 6. April 1912, anläßlich der ersten Ausstellung des Leipziger Kunstvereins, der auf Initiative Max Klingers seine Aktivitäten aufnahm, werden die malerischen Arbeiten von Hans Domizlaff besprochen.

Leipziger Tageblatt

Im »Leipziger Tageblatt und Amtsblatt des Rates und des Polizeiamtes der Stadt Leipzig«, 113. Jahrgang, werden am 30. Oktober 1919 die Bühnenarbeiten von Hans Domizlaff gewürdigt. Domizlaff hatte als Bühnen-Innenarchitekt ein neues Bühnenhaus der Leipziger Volksbühne für moderne Inszenierungen entworfen, das die Stadt dann bauen ließ.

Markentechnik

Das Buch enthält seine jahrelangen Erfahrungen als Werbefachmann und Berater der Firmen Reemtsma und Siemens. In ihm stellt Hans Domizlaff sein originäres Konzept des markenhaften Zusammenhanges zwischen Kundschaft, Ware und Hersteller bzw. Verkäufer dar; und er entwickelt seine Steuerungsmethoden in den Märkten über »Stil«. Anwendung seines »großorganismischen« Denkens auf wirtschaftliche Prozesse.

Die Gewinnung des öffentlichen Vertrauens; Ein Lehrbuch der Markentechnik. Hamburg 1939, 281 S.; zweite überarbeitete

Auflage, Hamburg 1951, 311 S.; Reprint der zweiten Auflage 1976. II. Band: Lehrbeispiele aus der Markenartikel-Industrie, Hamburg 1940, 338 S. (alle Auflagen vergriffen).

Neuauflage: »Die Gewinnung des öffentlichen Vertrauens; Ein Lehrbuch der Markentechnik«. Neu zusammengestellte Ausgabe in einem Band; Marketing Journal, Hamburg 1982, 555 S.

Marketing Journal

Das Fachblatt aus Hamburg macht im Leitartikel auf das Werk von Hans Domizlaff aufmerksam (Mai 1981); Hans Domizlaff ist fast zehn Jahre tot; anläßlich der Neuedition von »Die Gewinnung des öffentlichen Vertrauens«.

Nachdenkliche Wanderschaft

Eine Autobiographie in zwei Bänden, die, wegen des Erzählten, zu einem Stück deutscher Kulturgeschichte gerät. Die lebendige Erzählweise macht sie zu einem Beispiel beachtenswerter deutscher Memoirenliteratur.

Nachdenkliche Wanderschaft; Autobiographische Fragmente. 2 Bände; Hans Dulk Verlag, Hamburg 1950, Bd. I, 439 S., Bd. II, 401 S. (vergriffen). Neuauflage 1992.

Naiv

Ein Manuskript im Nachlaß. Domizlaff entwickelt in ihm einige seiner mathematischen Auffassungen; 22 S., o.J. (unveröffentlicht).

Neuralgien des Staates

Ein Beleg für die lebendige Anteilnahme des nahezu Achtzigjährigen an den Vorgängen um Vietnamkrieg und »jugendliche Meuterei«; eine Betrachtung der Studentenbewegung aus seiner massensoziologischen Sicht. Im Nachlaß, o.J., 1970/71, 17 S. (unveröffentlicht).

Nordwestdeutscher Rundfunk

Die Rundfunkanstalt bespricht »Es geht um Deutschland« am 9. Juni 1953 nachmittags auf ihrer Mittelwelle.

Passat

Der Verleger Konrad-Wilhelm Delius erzählt in der Festschrift von Paul W. Meyer, wie Domizlaff zu diesem Buch regelrecht überredet wurde. Das prächtig ausgestattete Werk wurde ein großer Erfolg.

Die Viermastbark »Passat«; Der Lebensroman eines Tiefwasserseglers. Delius, Klasing & Co., Bielefeld und Berlin 1960, 202 S.; mit zahlreichen Zeichnungen und Photographien (vergriffen).

Prager Presse

Die deutsche Zeitung im Prag der Zwischenkriegszeit beschäftigt sich mehrfach mit den Veröffentlichungen Hans Domizlaffs, am 26. August 1930 »Die Gewinnung des öffentlichen Vertrauens«.

Preisbindung

Der stabile Endpreis ist für den Markentechniker eine wichtige Stil-Komponente der Marke. Domizlaff hat sich immer gegen Promotion und Verkaufsförderung gewandt.

Die Preisbindung zweiter Hand; Ein volkspsychologisches Problem. 44 S., o.J., im Nachlaß. Auszugsweise veröffentlicht im Marketing Journal, Hamburg 1981, Heft 5, S. 444-446.

Propagandamittel der Staatsidee

In die Schwächeanfälle der Weimarer Demokratie will der Patriot Domizlaff mit einer markentechnischen Empfehlung eingreifen: Auch die Republik bedarf der seelischen Symbole! Das Buch hat Erfolg: Reichskanzler Dr. Brüning bittet den Autor zu Gesprächen, der Verleger Ullstein will die Gedanken verbreiten. Auch Dr. Goebbels liest es und beherzigt die Ratschläge auf seine Weise.

Propagandamittel der Staatsidee. Als Manuskript gedruckt, Altona-Othmarschen 1932, 105 S.; erste Fassung 1929; mit Flaggentafeln (vergriffen).

Psychische Grundgesetze

Nach den unveröffentlichten »Bekenntnissen eines Malers« publiziert er 1941 seine »Psychischen Grundgesetze der Wissenschaft« unter dem Titel »Analogik«, den er auch für die dritte und letzte Version seiner »Anschauung« beibehält (1946). Mit dieser Wortneuschöpfung will er verdeutlichen, daß es ihm um mehr als nur um eine erneuerte Lehre von den Analogie-Schlüssen geht.

Analogik; Psychische Grundgesetze der Wissenschaft. Hanseatische Verlagsanstalt, Hamburg-Berlin 1941, 280 S. (vergriffen).

Reklamekritik

Das Buch ist ein erstes Résumé seines Wirkens als Werbeberater in der Firma Reemtsma. Darstellung des Gegensatzes von stilwürdiger Werbung gegen radauwütige Reklame. Der Werbeberater wird in seinem Verhältnis zum Produkt, zum Auftraggeber, zum Konsumenten und zu seinen eigenen dienenden Stilmitteln gezeigt.

Typische Denkfehler der Reklamekritik. Verlag für Industrie-Kultur, Leipzig 1929, 223 S.; Reprint Hamburg 1981 (vergriffen). Neuauflage in Vorbereitung, 1992.

Religiöse Phänomene

In den letzten Jahren seines Lebens überträgt er seine Sicht vom geheimnisvollen Spiel der Ideenorganismen und ihrem Verhältnis zur einzelmenschlichen Denkselbständigkeit auch auf den Glauben an Gott. Seinen »religiösen Zwischenruf« sendet er in vierzig Vorabdrucken an prominente Fachtheologen, mit der Bitte um Korrektur. Von Antworten ist nichts bekannt. Das Buch aber ist rasch vergriffen.

Religiöse Phänomene; Meditationen über unterbewußte Bindungen. Hamburg 1969, 276 S. (vergriffen).

Rheinische Post

Ein Beispiel für die zahlreichen Besprechungen von »Nachdenkliche Wanderschaft«, am 11. November 1950.

Rider's Review

Englisches Gesellschaftsblatt, das im Herbst 1949 die »Analogik« (Version 1946) mit großem Verständnis einem internationalen Publikum vorstellt.

Schopenhauer-Jahrbuch

Das seit 1912 in Heidelberg erscheinende Jahrbuch der Schopenhauer-Gesellschaft bespricht die »Analogik« (Version 1946) in erstmals kompetenter Weise für ein philosophisches Fachpublikum (1948).

Schulreform

Eine Broschüre, die den Ausbildungs-Notstand der deutschen Jugend proklamiert und die Notwendigkeit für eine Entschulung der Schule einsehbar machen will.

Totale Schulreform oder Selbsthilfe des industriellen Unternehmertums zur Rettung aus dem katastrophalen Ausbildungs-Notstand der deutschen Jugend. Verlag Institut für Markentechnik, Hamburg, 25 S., o.J. (vergriffen).

Seele des Staates

In diesem (seinem seitenstärksten) Buch entwickelt Hans Domizlaff Überlegungen zu einem funktionierenden Gemeinwesen in der Moderne. Der Hinweis auf die Bedeutung »seelischer« Vorgänge innerhalb eines Staates mahnt schon im Titel, die bloß juristisch-vertragstechnische Komponente einer Republik auf Dauer als nicht tragend zu erkennen.

Die Seele des Staates; Regelbuch der Elite. Als Manuskript gedruckt, Hamburg 1957, 608 S. (vergriffen).

Seezeichen

In der Gedichtsammlung finden sich Naturszenen neben Gedankenlyrik. Buchschmuck in Gestalt kleiner Skizzen lassen den professionellen Zeichner erkennen.

Seezeichen. Klasing & Co., Bielefeld 1955, 61 S. (vergriffen).

Sozialisierungstod

Während der ersten Höhepunkte des »Kalten Krieges« und der damit verbundenen innenpolitischen Auseinandersetzungen formuliert Domizlaff so etwas wie die schöpferischen Kräfte »sozialer Marktwirtschaft«.

Der Sozialisierungstod; Aufruf zur Verteidigung des produktiven Unternehmertums. Stimme der Gegenwart, Berlin 1949, 52 S. (vergriffen).

stern

Das Magazin gratuliert dem 60jährigen Hans Domizlaff in seiner Ausgabe vom 11. Mai 1952 in Form einer kleinen Bilddokumentation.

Stilunsicherheit

Das Manuskript aus dem Nachlaß versucht, die Turbulenzen des jüngeren deutschen Geschehens ins Verhältnis zu anderen Völkern in Europa zu setzen. Dabei wird nach Wegen gesucht, wie man methodisch die Stilgewalt für Deutschland stärken kann.

Die deutsche Stilunsicherheit. Maschinenmanuskript. 19 S., o.J. (unveröffentlicht).

Testament

Im Nachlaß gefunden. Zitat aus dem Schluß der »Vorworte«: Viele Jahre habe ich einem vielfältigen Unternehmertum getreulich mit zweckgebundenen Ratschlägen und Taten gedient. Jetzt halte ich die Zeit für gekommen, endlich zweckentbundene Erkenntnisse darzustellen und damit hinter den vielen Grübeleien meines Lebens einen Punkt zu setzen.

Mein metaphorisches Testament. Maschinenschriftliches Manuskript, 65 S., o.J.; handschriftlich überarbeitet. Es gibt außerdem handschriftliche Aufzeichnungen, die ungeordnet in einem Hefter liegen, mit der Aufschrift »Mein geistiges Testament« (unveröffentlicht).

The Times Literary Supplement

Die Beilage der Londoner Times bespricht am 20. November 1953 »Es geht um Deutschland«.

Unternehmertum

Für Domizlaff ist Unternehmer, wer schöpferisch eigene Gestaltung wagt und dadurch soziale Organismen schafft. Im von handschriftlichen Korrekturen durchsetzten Maschinenmanuskript geht es ihm vornehmlich um die praktischen Berufe. Seinem Denkstil entsprechend, kontrastiert er den Unternehmer mit anderen Sozialsilhouetten, wie dem König, dem Konjunkturritter u.a.

Das Unternehmertum. Maschinenmanuskript; 43 S., o.J. In der gleichen Mappe findet sich ein maschinengeschriebenes Manuskript mit dem Titel »Mode«, in dem Domizlaff die Bildung von Massen-Geschmack erörtert. 13 S., o.J. (unveröffentlicht).

Vademecum für Raucher

Das kleine Buch zeugt von der Begeisterung, mit der Hans Domizlaff als Dreißigjähriger seine Laufbahn in dem wohl menschlich besonders anregenden Klima der Philipp Reemtsma AG begann. Außerdem zeigt es sogleich seine schriftstellerisch-erzählerische Begabung.

Die Cigarette; ein Vademecum für Raucher. Verlag für Industrie-Kultur, Leipzig 1924; unter dem Pseudonym Stephan Dirk (vergriffen).

Vorschläge

Ein umfangreiches Gutachten für die Siemens-Electrogeräte AG mit zahlreichen Empfehlungen, die sich hauptsächlich auf die Probleme der inneren Organisation bei vehementem Wachstum und dem damit drohenden Kräfteverschleiß beziehen.

Vorschläge für die Führungskonstruktion und Arbeitsweise der Siemens-Electrogeräte AG nach den Erfahrungen erfolgreicher Markenunternehmungen. Maschinenschriftliches Manuskript, 1961, 78 S. Aus dem Nachlaß (unveröffentlicht).

Vorsicht Dämonen

Eine Betrachtung der (von 1947/48 her gesehenen) jüngsten deutschen Geschichte aus typisch Domizlaff'scher massenpsychologischer Sicht; die gewaltigen Bewegungsprozesse in großen sozialen Organismen werden mit den idealen Konstruktionen rationalistischer Schnell- und Besserwisser kontrastiert.

Vorsicht, Dämonen! Eine Warnung an die deutschen Intellektuellen. Wolfgang Krüger Verlag, Hamburg 1948, 55 S. (vergriffen).

Vossische Zeitung

Bedeutende deutsche Tageszeitung der Weimarer Republik aus Berlin. Die Besprechung von »Typische Denkfehler der Reklamekritik« erscheint am 26. Oktober 1929. Domizlaff veröffentlicht 1933 Artikel zum Verhältnis zwischen den Intellektuellen und dem Volk; im Nachlaß finden sich Artikel, die im Juni/Juli 1933 erscheinen sollten; die Zeitung kann sie nicht mehr veröffentlichen.

Wahrscheinlichkeitsrechnung

Domizlaff hatte während der Jahre seines (nicht prüfungsgeleiteten) Studiums in Leipzig auch Mathematik-Vorlesungen belegt. Später baute er sich eine professionelle Sternwarte auf sein Haus in der Heide.

Theorie der Versuchsvorschriften der Wahrscheinlichkeitsrechnung. Kohlhammer Verlag, Stuttgart 1952, 108 S.; gemeinsam mit dem Mathematiker Erhard Tornier (vergriffen).

Welt am Sonntag

Die deutsche Sonntagszeitung bespricht am 17. Dezember 1950 die »Nachdenkliche Wanderschaft«.

Zeitschrift für philosophische Forschung

Die seit 1946 erscheinende Fachzeitschrift widmet mehreren Arbeiten Domizlaffs Besprechungen. 1948 rezensiert sie in bestechender Manier die beiden Versionen der »Analogik« (1941 und 1946).